Kindheit in Schonungen 1933 bis 1946

Eine Nachprüfung

von

Johanna Vogel

Impressum

Dezember 2013

Herstellung und Verlag: Books on Demand GmbH, Norderstedt

Copyright 2013: Johanna Vogel, Berlin

Alle Rechte vorbehalten

Layout und Umschlaggestaltung: Johanna Vogel

ISBN 9783732291038

Vorwort

Ende 1935 zog unsere Familie nach Schonungen. Ich war damals zwei Jahre alt. Fast 20 Jahre meines Lebens, von 1935 bis 1954, habe ich also in diesem Ort gelebt, einem Arbeiterdorf nahe Schweinfurt, direkt am Main gelegen. Obwohl das meine entscheidenden Kindheits- und Jugendjahre waren, verbindet mich nur wenig mit diesem Dorf. Die einzige Freundin, mit der ich in Kindertagen viel zusammen war, war Gretel Rösch gewesen, die später ausgewandert ist.

Während des Dritten Reiches war Schonungen für unsere Familie der Rückzugsraum gewesen, der uns ein relativ friedliches Leben in kriegerischen Zeiten ermöglichte. Dafür bin ich dankbar. Nach dem Krieg besuchte ich die höhere Schule in Schweinfurt, das nun mein Lebensmittelpunkt wurde. Fortan war Schonungen für mich nicht viel mehr als mein Schlafplatz bei der Familie. Das Dorf selbst mit seinen Menschen blieb mir weitgehend fremd. Ich gehörte nicht mehr dazu.

Erst in letzter Zeit, beim Nachdenken über die Geschichte unserer Familie, kam mir der Gedanke, den wenigen Erinnerungen, die ich mit Schonungen verbinde, nachzugehen. Diese ranken sich vor allem um Ereignisse der Zeitgeschichte, um brisante Vorkommnisse im Dritten Reich und bei seinem Niedergang. In der Absicht, diese Erinnerungen auf ihren Wahrheitsgehalt hin zu überprüfen, war ich mehrmals im Archiv von Schonungen, das in Marktsteinach geführt wird. Die Übereinstimmung war verblüffend. Herausgekommen ist die Erkenntnis, dass entscheidende Eindrücke aus der Kindheit wie Auftraggeber für mein späteres Berufsleben gewirkt haben müssen und dass diese halb vergessene Kindheit in Schonungen viel prägender für mich gewesen ist, als ich das bisher wusste.

Was ich herausgefunden habe und beschreibe, sind Meilensteine meiner Kindheit. Sie beschreiben nicht gleichzeitig die Kindheit meiner Geschwister, die vieles ganz anders erlebt haben werden als ich. Herausgekommen ist auf diese Weise auch ein Beitrag zur Geschichte des Dritten Reiches am Beispiel einer überschaubaren Gemeinde, eben dem Ort meiner Kindheit, Schonungen.

Johanna Vogel

Kindheit in Schonungen
1933 bis 1946
Eine Nachprüfung

Ein Dorf in Aufbruchstimmung - 1933

Als dieses Bild gemacht wurde, gab es mich noch nicht. Zwar war ich schon unterwegs. Aber der Tag, an dem ich mittags gegen halb zwei Uhr das Licht der Welt erblicken sollte, war noch fern. Die Hochstimmung der jungen Mädchen, die mit langen schwarzen Röcken und weißen Blusen im Gleichschritt stolz durchs Dorf marschierten, bedeutete mir noch nichts. Später wahrscheinlich würde ich häufiger solche stolzen Aufmärsche erleben können. Auch das nächste Bild, ein anderes Foto aus demselben Jahr, - da war ich schon geboren, - bestätigt diese Aufbruchsstimmung. Bauern auf ihrem Erntedankwagen, der reich geschmückt ist nicht zur Ehre Gottes, sondern zur Ehre des Führers,  bejubeln mit einem blumengeschmückten Hakenkreuz die neue Zeit. Mich berühren diese beiden Fotos schmerzlich. Soviel Hoffnung und Aufbruchstimmung zu Beginn des Dritten Reichs, soviel Enttäuschung, soviel Leid, Schuld und Sinnlosigkeit bald darauf und bis ans Ende.

Man wird sagen, die Leute hätten wissen können, was auf sie zukommt. Hätten sie? Ich bin mir nicht so sicher. Schonungen war ein Arbeiterdorf. Es gab nur wenige Bauern. Die meisten Männer, so sie denn überhaupt Arbeit hatten, fuhren mit dem Zug nach Schweinfurt, arbeiteten schwer bei Fichtel und Sachs oder bei Kugelfischer, großen Firmen, die aber auch erst durch die Pläne des Führers für einen baldigen Krieg wieder so richtig in Fahrt gekommen sind. Die Arbeitslosigkeit in Dorf war in den zwanziger und Anfang der dreißiger Jahre hoch, das Elend vieler Familien riesig. Die neue Zeit, die Adolf Hitler versprochen hatte, weckte da große

Hoffnungen. Und diese Hoffnungen, genauer Illusionen, wurden zu Beginn in vielerlei Hinsicht auch erfüllt, besonders, wenn man der Partei beitrat.

Lassen wir das. Noch lebe ich ja nicht in diesem Dorf. Zwar wurde ich in Schweinfurt geboren; aber schon bald zogen meine Eltern mit ihren vier Kindern nach Nürnberg, hoffnungsfroh vielleicht auch sie. Denn endlich konnte unser Vater, der jahrelang nur durch seine Schriftstellerei leidlich Geld verdient hatte, sich als Ingenieur selbständig machen und besser für seine wachsende Familie sorgen.

Aber lange hielten sie es in Nürnberg nicht aus. Die vielen Aufmärsche und Reichsparteitage, so sagten sie jedenfalls später oft, hätten ihnen angst gemacht. Im Zweifel und in Sorge über das, was auf Deutschland zukommen würde, entschlossen sie sich deshalb, wieder zurückzukehren in die unterfränkische Heimat, nicht direkt nach Schweinfurt, besser aufs Land, nach Schonungen, wo sie

nun das Haus für die Familie bauten. Was sie nicht gewusst haben werden, ist, dass dieser festliche Umzug unmittelbar unter unserem künftigen Grundstück stattgefunden hat, die neue Zeit der Nazis also längst auch hier angekommen war.

Kindheit in Schonungen

In Schonungen bin ich aufgewachsen. Wir wohnten am Dorfrand, in einem Haus am Hang, einem geräumigen Neubau mit großem Garten. Nachbarskinder waren unsere Spielgefährten. Das Dorf selbst mit seinen zentralen Orten und Plätzen war einen Kilometer weit entfernt und blieb uns eher fremd, wie auch wir weitgehend Fremdlinge im Dorf geblieben waren. Wir gehörten nie ganz dazu, und – so vermute ich – unsere Eltern sorgten auch dafür, dass das so blieb. Wenn ich wir sage, dann meine ich damit unsere im Laufe der Jahre stetig größer werdende Familie, die von 6 Personen im Jahre 1935 auf 11 Personen bei Kriegsende angewachsen war. Ich selbst erlebte also die Ankunft von nach und nach noch fünf jüngeren Geschwistern, die alle in Schonungen, alle im Elternhaus geboren wurden. Unser Vater unterhielt ein Ingenieurbüro in Schweinfurt und war beruflich viel unterwegs, ebenso wie unsere Mutter, die ihn im Büro unterstützte und oft auf seinen Reisen begleitete. Unversorgt blieben wir dennoch nicht. Für uns gab es immer ein Kindermädchen oder eine Haushälterin, die sich um uns kümmern sollten, wechselnde Personen, die unseren nicht immer

Unser Elternhaus in Schonungen

wohlwollenden Eignungstests ausgeliefert waren. Eine tote Maus unterm Kopfkissen zum Beispiel fällt mir dazu ein, oder Salz im Kaffee.

In die „Anstalt" durften wir nicht. Die „Anstalt", das war der katholische Kindergarten, der von Nonnen geführt wurde. Im Hof vor dem Gebäude der Anstalt ging es immer quirlig zu mit vielen lebhaft schreienden und spielenden Kindern. Das reizte unsere Neugier, aber wir durften nicht rein. Ob die Nonnen das nicht wollten, weil wir evangelisch waren, oder unsere Eltern nicht, weil ihnen die dort praktizierte Pädagogik nicht behagte, weiß ich nicht. Viel später erst, als Studentin, lernte ich die Vorzüge dieser „Anstalt" kennen; denn die Nonnen betrieben auch eine Nähschule. Hier eignete ich mir die Grundkenntnisse des Schneiderhandwerks an, die mir zeitlebens halfen, bei Geldmangel meine Garderobe selbst zu nähen. Außerdem bewahrten mich diese spät erworbenen handwerklichen Fertigkeiten vor einer gewissen Lebensangst: „Wenn alle Stricke reißen, kann ich immer noch Hausschneiderin werden", tröstete ich mich bei auftretenden beruflichen Schwierigkeiten.

Die „Anstalt" heute. KJG-Haus

Die Hausschneiderin, Frau Mees, eine Frau aus der Nachbarschaft, spielte eine nicht unwichtige Rolle in unserer Kindheit. Sie hatte in unserer großen Familie viel zu tun. Sie musste Kleider kürzen oder verlängern, Mäntel anstückeln, Hosen flicken, alte Sachen auftrennen, ganz selten auch einmal etwas Neues für einen von uns nähen. „Aus Alt mach Neu für Groß und Klein, das spart dir viele Punkte ein!", war ein Slogan jener Jahre, der ihre Existenznotwendigkeit untermauerte. Sie war vielleicht nicht täglich, aber doch sehr häufig bei uns, eine wichtige Person, ein Vorbild im Überlebenskampf, im „Kampf gegen den Verderb", einem anderen Slogan jener Zeit.

Erziehungsversuche unserer Hausschneiderin waren selten, aber sie kamen vor. So hatte sie kein Verständnis dafür, dass ich meistens mit einem Buch in einer Ecke saß und las und mich damit, wie sie nicht ganz zu Unrecht unterstellte, vor ernsthafter Hausarbeit drückte. Einmal, als sie mir wieder einmal zornig das Buch wegnahm und verlangte, ich solle nicht so faul herumsitzen, sondern etwas Ordentliches tun, kam meine Mutter dazu. Sie gab mir das Buch zurück und erklärte der Frau, ich dürfe lesen, Lesen sei auch Arbeit.

Aber ich greife vor. Denn eigentlich wollte ich von meiner Zeit als Vorschulkind berichten, als ich noch klein war, noch nicht lesen konnte. Erinnerungen an die frühe Kindheit sind kostbar, ich habe nicht viele. Eine ist mir in unschöner Erinnerung. Ich sehe mich hinter meinen größeren Geschwistern herrennen, stolpern, hinfallen. „Die Doofe, da liegt sie schon wieder", sagten die dann ungeduldig. Ich stehe wieder auf, renne weiter hinter ihnen her, falle wieder hin, Pechvogel, der ich bin. Man hat mir mein linkes Auge zugeklebt, damit das rechte Auge, mit dem ich fast nichts sehen kann, sehen lernt.

Lesen ist auch Arbeit

Ein Jahr lang ungefähr geht das so. Hinfallen, aufstehen, wieder hinfallen, noch einmal aufstehen. Auf einem Foto aus jener Zeit, ich war so drei bis vier Jahre alt, sieht man mich auf dem Schoß von Onkel Armin[1] sitzen, der mit einem Plätzchen oder Bonbon vor meinem nicht zugeklebten Auge wedelt. Ob sie das Plätzchen wohl sieht und nimmt? fragt dieses Foto. Keine Ahnung, ich weiß es nicht. Das Foto ist verschwunden. Aber dann bekam ich meine erste Brille. Auch davon gibt es ein paar Fotos, Hannele mit Brille, z.

Bei Tante Grete (mit Brille), ca. 1937

B. bei Tante Grete 1937 in Widdersberg. Da war ich noch keine vier Jahre alt. In jener Zeit und noch dazu auf einem Dorf waren Kinder mit Brille eine exotische Seltenheit. Ich erinnere mich nicht, dass es in Schonungen damals noch andere

---

[1] Armin Lehr, ein Freund unserer Eltern

Kinder mit Brille gegeben hat. Bei Vollmond stand ich oft mit platt gedrückter Nase am Fenster und sang vor mich hin: „Der Mond hat ä Brilln auf und ich aaa!" Mein Trostlied. Vielleicht haben mir meine Eltern diese Sichtweise nahe gebracht. Wie ich die Brille gehasst habe, später, als ich in die Schule ging und die Jungen hinter mir herriefen: „Mein letzter Wille eine Frau mit Brille" oder schlichter: „Brillenglotzer, Brillenglotzer!" Aber sicher ist die Brille eine Befreiung für mich gewesen. Endlich kann ich alles sehen, kann mithalten mit den Anderen, werde auch von den Geschwistern mitgenommen bei ihren Unternehmungen.

9. November 1938 – der Synagogensturm

Damit komme ich zu meiner frühesten, unvergesslichsten Erinnerung. Ich war gerade fünf Jahre alt geworden. Es war am 9. oder 10. November 1938. Jeder Deutsche sollte dieses Datum kennen. Meine älteste Schwester Bärbel – oder war es doch Ursel? – schleift mich mit ins Dorf. Dort ist etwas los. Es gibt etwas zu sehen. Wir kommen zum Dorfbach, wo sich jenseits des Baches eine riesige Menschenansammlung drängt. Aus einem gegenüberliegenden Haus schmeißen sie Möbel aus dem Fenster und aufgeschlitzte Federbetten. „Frau Holle!" Ich bin fasziniert. Frau Holle lässt Federn regnen. Was für ein Bild. Lauter Federn! Da wird meine Faszination jäh gestört. Der Großvater,

Der Großvater mit Ursel und Hannele, 1937

(August Raasch, der Vater meiner Mutter, der damals bei uns wohnte,[2]) ist plötzlich auch da. Zornentbrannt packt er uns beide an den Armen, oder schlägt er uns sogar? und zerrt uns weg, mit Riesenschritten heimwärts: „Das ist eine Schweinerei". Eine Schweinerei? Frau Holle, eine Schweinerei? Bis heute ist mir dieses Märchen verleidet. Eine Schweinerei. Später, als Schulkinder, durften wir in

---

[2] Von 1935 bis 1941

der verrottenden Synagoge spielen. Huh, wie unheimlich das da drinnen war. Der hohe Raum, die großen Fenster. Huh, huh! Meine Schwester Ursel, damals sieben Jahre alt, erinnert sich ebenfalls noch an diesen Tag. Die Bilder sind ihr immer noch gegenwärtig. Einige Frauen seien ganz verzweifelt gewesen und hätten sich die Haare gerauft. Ein alter Mann, ihrer Meinung nach der Vorsteher der Synagoge, sei offenbar verprügelt worden; denn er habe stark geblutet. Sie selbst habe, wie Kinder so etwas eben machen, Sachen, die auf der Straße lagen, vor allem angekohlte Papiere, ein Gebetbuch vielleicht, aufgelesen und mit nach Hause gebracht. Dafür sei sie von unserem Vater geohrfeigt worden und hätte die Sachen „sofort" wieder zurück bringen müssen.

Exkurs zur Geschichte der jüdischen Bürger von Schonungen

Die Geschichte der kleinen jüdischen Gemeinde von Schonungen und ihr Schicksal im Dritten Reich und im öffentlichen Bewusstsein des Dorfes[3] ist einer näheren Betrachtung wert. Es gab sie schon seit ein paar hundert Jahren.[4] Die jüdische Gemeinde hatte eine eigene Synagoge und eine kleine Schule. Ein paar Häuser in der Dorfmitte gehörten jüdischen Familien. Sie waren gut integriert, standen unter dem Schutz des Bischofs von Würzburg, jedenfalls ursprünglich. Das sollte sich im 20. Jahrhundert gründlich ändern. Zu Beginn des Dritten Reiches lebten noch 5 jüdische Familien, insgesamt 23 Personen, im Dorf. Einige konnten rechtzeitig emigrieren, andere (13) kamen in verschiedenen KZs um. Das Gebäude der ehemaligen Synagoge steht bis heute, es wurde allerdings in den letzten Jahren bis zur Unkenntlichkeit umgestaltet. Eine aufgesetzte neue Fassade verdeckt die ursprünglichen Rundfenster und das Eingangsportal. Nichts soll daran erinnern, was hier einmal war. Keine Gedenktafel am Haus, kein Stolperstein für die ermordeten Bewohner. Bis heute eine nicht aufgearbeitete Geschichte. *„Der Schoß ist fruchtbar noch aus dem das kroch."*[5]

---

[3] Viele sorgfältig recherchierte Details dazu kann man nachlesen unter www.alemannia-judaica.de/schonungen, worauf auch ich mich in Teilen beziehe.
[4] Elisabeth Böhrer fand hierzu wichtige Informationen im Staatsarchiv Würzburg, vgl. a.a.O.
[5] Aus: Der aufhaltsame Aufstieg des Arturo Ui, von Bertold Brecht?

Die Fotos auf dieser Seite zeigen rechts oben die alte Synagoge vor ihrer Schändung, links daneben ein Mahnmal zur Erinnerung an den Holocaust gegenüber der ehemaligen Synagoge, darunter die ehemalige Synagoge mit der jetzigen Fassade eines Wohnhauses, rechts davon eine Erinnerungstafel an die deportierten Schonunger Juden am alten Rathaus und unten links das Alte Rathaus.

Ob die von mir erinnerte Geschichte mit „Frau Holle" wirklich am 9. oder erst am 10. November 1938 passierte, kann ich natürlich nicht sagen. Meine Datierung ist ausschließlich dem offiziell anerkannten Datum für die November-Pogrome geschuldet, wohin dieses Kindheitserlebnis zweifellos gehört. In meiner Erinnerung hieß das damals „Der Synagogensturm". Zur Begründung für die angeblich „spontanen" deutschlandweiten Pogrome wird meist auf das Attentat vom 7. November 1938 durch einen jüdischen Jugendlichen namens Herschel Grynszpan auf den deutschen Botschaftsangehörigen vom Rath in Paris verwiesen. Wenngleich dieses Attentat der NSDAP als Begründung für diesen

Blick auf die Bachstraße in Schonungen

angeblich „spontanen Volkszorn" durchaus gelegen gekommen sein mag, sind Zweifel an dieser Legende erlaubt.[6] Schon lange vor der sog. Reichskristallnacht hatten sich Übergriffe auf die jüdischen Mitbewohner in einem solchen Maße gehäuft, dass immerhin fast die Hälfte der Schonunger Juden schon vorher weggezogen bzw. emigriert sind.

Ein zwölfjähriger Sohn der Familie R. hat sich noch vor Kriegsbeginn auf eigene Faust vom Würzburger Hauptbahnhof aus über Belgien, Frankreich und Portugal bis in die USA durchgeschlagen und ist nur so dem Holocaust entkommen. Was er in der Schule als Judenjunge erlebt haben muss, ehe er sich im März 1939 zu dieser Flucht entschloss, mag man sich nicht vorstellen. Erst vor wenigen Jahren hat sein Sohn Kurt Goldsmith Schonungen besucht und diese Geschichte erzählt[7].

---

[6] Vgl. z. B. „Neuer Blick auf die Reichskristallnacht: Ungereimtheiten in der Vorgeschichte und bei den Folgen" Von Vincent C. Frank, in: Neue Züricher Zeitung, Mittwoch, den 04.11.1998
[7] Seine Geschichte hat u. a. Frau Böhrer dokumentiert. A. a. O., S. 14. Hier Näheres!

Ein sorgfältig recherchierter Artikel in Wikipedia zur "Reichspogromnacht" weist auf andere Zusammenhänge hin. Ich zitiere: *„Berthold Löwenstein aus Leipzig erfuhr am 29. Oktober 1938 von einem ehemaligen Richterkollegen, der Informationen aus dem Wirtschaftsministerium in Berlin erhalten hatte: Er solle Deutschland mit seiner Familie dringend vor dem 5. November 1938 verlassen, da bis Mitte November Furchtbares mit den Juden geplant sei."*[8]

Im Archiv von Schonungen fand ich einen Hinweis, der in die gleiche Richtung weist. Es ist ein Brief der NSDAP…..Ortsgruppe: Schonungen vom 6. November 1938, eingegangen lt. Gemeindestempel am 7. Nov. 1938 folgenden Inhalts:

„An die Bürgermeister von Schonungen, Hausen und Forst.

Betreff: Jahrgänge 1920/ 1921

Wir bitten Sie mit den Jugendlichen obiger Jahrgänge am 8. 11. um 20.00 Uhr im oberen Zimmer der Gaststätte Anker zu erscheinen. Es erscheint der Führer des Sturmbannes I /27 Pg[9]*. L……. Wir machen darauf aufmerksam, dass Sie die Vorladung im Namen der Ortspolizeibehörde tätigen wollen, um eine Möglichkeit zur evtl. notwendigen poliz. Herbeiholung zu haben.*

Die Bürgermeister haben unter allen Umständen mit der namentlichen Liste anwesend zu sein.

Heil Hitler, A…., Organisationsleiter, gez. D. , Ortsgruppenleiter"[10]

Was sollte mit dieser ominösen Einladung vom 6. November für den Abend des 8. November 1938 an 17- und 18-jährige „organisiert" werden, wenn nicht die Vorbereitung einer durchschlagenden und wirksamen Aktion eben in dieser deutschlandweit geplanten Nacht gegen jüdische Geschäfte, Synagogen, Wohnungen und Menschen vom 9. auf den 10. November 1938?

Druck auf die jüdische Gemeinde in Schonungen hat es auch vorher schon reichlich gegeben, wie ein anderes Schreiben der NSDAP….Ortsgruppe Schonungen vom 20. August 1938, adressiert ebenfalls an den Bürgermeister der Gemeinde Schonungen[11], verrät:

„Die Synagoge in Schonungen befindet sich in einem Zustand der alles andere als Schönheit bedeutet. Wir bitten Sie veranlassen zu wollen dass das Gebäude in ordentlichen

---

[8] In: „Novemberpogrome 1938", Wikipedia
[9] Pg. = Parteigenosse
[10] Archiv der Gemeinde Schonungen I/2
[11] a.a.O., II u /6.22

Zustand versetzt wird, um eventuellen Gräuelmärchen (durch Fotographieren) vorzubeugen. Durch die Auflage der Wiederherstellung der Fenster usw. werden den Juden Kosten erwachsen, wodurch diese veranlasst werden sollen, das Gebäude zu verkaufen. Wir müssen durch jedes Mittel versuchen den Abzug der Juden in Schonungen zu beschleunigen. Diese Mitteilung bitten wir <u>vertraulich</u> behandeln zu wollen. Heil Hitler"

Noch, so könnte man daraus entnehmen, geht es nur darum, die Juden loszuwerden, ist die Shoah noch nicht geplant. Aber der mörderische Wille schafft sich hier schon Bahn. Und der Bürgermeister wird unter Druck gesetzt, dabei mit zu helfen. Einige jüdische Familien sind zu diesem Zeitpunkt bereits emigriert oder anderweitig „verzogen". Das ergibt sich unter anderem aus der Tatsache, dass Bürger aus Reichmannshausen, einem Nachbardorf, schon im August 1938 Anträge stellen konnten, leer stehende „Judenhäuser" erwerben zu können. Hierfür ein Beispiel:

„Reichmannshausen, den 31. VIII. 1938
Herrn Bürgermeister S.   in Schonungen

Habe in Erfahrung gebracht, dass in Schonungen noch einige Judenhäuser zu verkaufen wären. Bin nicht abgeneigt ein solches käuflich zu erwerben…..Heil Hitler, Adolf S…..Parteigenosse".[12]

Schon 1937 hatte die Ortsgruppe der NSDAP Schonungen den Antrag gestellt, die Synagoge in Schonungen *„nützlicheren Zwecken"* zuzuführen.[13] Der Boden für die Ausschreitungen in der sogenannten Reichskristallnacht war also auch in Schonungen längst vorbereitet gewesen.

Abgesehen von unserer reichlich kindlichen Erinnerung an jenen Tag scheint der genaue Ablauf dieser Ausschreitungen im großen Vergessen untergegangen zu sein. Da entdeckte ich eher zufällig in Akten aus der Zeit der Entnazifizierung[14] einige Berichte über die Verurteilung Schonunger Alt-Nazis zu drei Jahren Lagerhaft, wobei die Begründung unter Anderem ihr provokantes Verhalten bei dieser „Judenaktion" war:[15] So war da zu lesen:

„Der Betroffene hat aber 1938 am Tage der Judenaktion in Schonungen ein besonders verwerfliches Verhalten an den Tag gelegt. So ließ er sich an diesem denkwürdigen Tage

---

[12] Archiv Schonungen
[13] Vgl. „Almannia-Judaica/ Schonungen, a.a.O. S. 6 von 16
[14] Zur Entnazifizierung vgl. unten S.
[15] Archiv Schonungen….

dazu hinreißen, die 10 Gebote von der Synagoge herunterzustürzen. Diese Tat beendete er mit dem Hitlergruss."

Ein anderer Fall aus Schonungen: *„Eine direkte Beteiligung an der Judenaktion kann ihm nicht zur Last gelegt werden, wohl aber hat er als Zaungast den Vorgängen, insbesondere den judenfeindlichen Sprechchören nach der Judenaktion in Schonungen beigewohnt."* Schlimm, besonders wenn man bedenkt, dass es in einem Fall ein Nachbar aus der gleichen Straße war, der sich solcherart hervorgetan hatte.

Dass nicht alle einfach mitmachten, beweist der Brief des Lehrers S. aus Schonungen an den Bürgermeister[16] vom 15. 11. 1938, mit Eingangsstempel der Gemeinde Schonungen vom 19. Nov. 1938, den ich im Folgenden seiner herausragenden Bedeutung wegen im vollen Wortlaut zitiere.

„Betreff: Beteiligung der Jugend gegen die Juden.

An dem Tag, an dem sich das deutsche Volk gegen die Juden empörend wandte, brachten auch meine Schüler verschiedene Sachen, die sie auf den Straßen (angeblich) fanden und lieferten diese als Altmaterial ab. Darunter befanden sich Sachen aus der Synagoge, aber auch solche aus Privathäusern. Ich selbst habe die Aktion nicht selbst an Ort und Stelle miterlebt und lehne auch jede Verantwortung über das Tun der Jugend bei dieser Sache ab. Offenbar waren aber nach den Angaben der Buben Leute am Werk, die die Jungen aufhetzten und sie aufforderten, mitzunehmen, was sie fanden. Man kann ja bei den Buben die geistigen Inspiratoren selbst erfragen, damit keine Zweifel entstehen. Die Buben berichteten auch, dass sehr viele Ortseinwohner eifrig „zugriffen". Was daran wahr und nicht wahr ist, und dann, was berechtigt und nicht berechtigt ist, das ist nicht meine Angelegenheit. Ich melde dies nur mit der Absicht, dass man sich ein Bild machen kann und Bescheid weiß.

Die Silbersachen lieferte ich der Gemeinde bereits ab. Nur muss ich noch melden, dass am Tag nach der Aktion auf dem Schulboden ein echt silberner Suppenschöpflöffel geklaut wurde und trotz Befragen in allen Klassen nicht festgestellt werden konnte, wer den Löffel weggenommen hat.

Was noch da ist, sind Raritäten aus der Synagoge fürs Ortsmuseum geeignet. Ich bitte, mir mitteilen zu wollen, was damit geschehen soll. Heil Hitler, S. , Lehrer!"

---

[16] Bürgermeister S….., obwohl PG, nahm in der NS-Zeit eher eine Vermittlerrolle ein. Ein „Nazi" war er nach Meinung aller, die ihn erlebt hatten, nicht. So erklärt sich, warum Lehrer S. seinen Brief nicht an den Schulleiter, sondern an den Bürgermeister gerichtet hat.

Es hat mich gefreut, an anderer Stelle, aus Dokumenten der Jahre 1946 oder 1947, entnehmen zu können, dass dieser wackere Lehrer auch in der Nachkriegszeit noch in Schonungen unterrichtet hat. Meine zweieinhalb Jahre ältere Schwester Ursel erinnert sich, dass er der einzige Lehrer war, der zu Unterrichtsbeginn nie Heil Hitler gesagt hat, sondern immer „Guten Morgen, Kinder". Als Lehrer sei er sehr beliebt gewesen.

Das bittere Ende jüdischen Lebens im Dorf wird 1939 besiegelt mit einer *„Erklärung"* von Max Karl A….., *„Vorstand der israelitischen Kultusgemeinde Schonungen" „dass die Synagoge in Schonungen…verkauft werden kann"*.[17] Damit hatte die Ortsgruppe Schonungen der NSDAP ihr Ziel erreicht. Schonungen wurde bald darauf „judenfrei". Die letzten jüdischen Familien, darunter auch das Ehepaar A……, wurden im April 1942 deportiert. Kurz darauf, am 28. April 1942 bewirbt sich ein Schonunger Bürger namens Georg H. um den Erwerb des „Anwesen des Juden Max A…..", das offenbar, wie sich aus der Bewerbung ergibt, ein größerer Gebäudekomplex war.[18] Sein Bewerbungsschreiben beginnt mit folgenden Worten:

„Betreff: Erwerb eines Judenanwesens

Vor einigen Tagen wurde das Anwesen des Juden Max A….. geräumt. Ich stelle deshalb das höfliche Ersuchen, mir dasselbe käuflich, oder, falls dies z. Zt. nicht möglich sein sollte, pachtweise überlassen zu wollen." Es folgt eine ausführliche Begründung, in der der Briefschreiber seine eigene Notlage schildert. Weil diese Begründung nebenbei auch etwas aussagt über die damaligen Lebensbedingungen vieler Familien im Dorf, will ich hier eine längere Passage aus seinem Brief zitieren.

„Ich bin als Einsteller bei der Firma Kugelfischer in Schweinfurt beschäftigt und Vater von 4 Kindern im Alter von 16, 14, 12 und 5 Jahren. Meine derzeitige Wohnung befindet sich im Anwesen des Bruders meiner Frau……. Und besteht aus einer Küche und zwei Zimmern. Ein Zimmer wird von uns und unserem kleinsten Kind als Schlafraum benutzt, das andere von unseren zwei Buben, während das Mädchen einen schon an und für sich kleinen Schlafraum meines Schwagers mitbenutzen muß. Dies wird künftig nicht mehr möglich sein, da mein Schwager nun auch zwei kleine Kinder hat…. Außer meinen

---

[17] „Schonungen, 27. 7. 1939".
[18] Schreiben vom 28. April 1942 an den Bürgermeister der Gem. Schonungen zur Weiterleitung an den Landrat Schweinfurt. II u / 6

ungünstigen Wohnungsverhältnissen möchte ich als weiteren Grund noch folgendes anführen: Mein Schwager….bewirtschaftet nahezu 12 ha. Feld und hat hierfür einen Hofraum zur Verfügung, der noch nicht zur Unterbringung eines Wagens ausreicht. Auch seine Scheune ist sehr beschränkt, sodaß er bisher gezwungen war, seine übrigen Wägen……sowie seine Futterbestände z. T. in einem fremden Anwesen unterzubringen…….Es wäre somit einerseits einer kinderreichen Familie aus der Wohnungsnot und einem Bauern aus der Raumnot geholfen, andererseits aber wäre das freigewordene Gebäude aufs äußerste ausgenutzt…H. H…."

Wie dieser Antrag beschieden wurde, ist nicht erkennbar. Er beleuchtet aber, wodurch das mangelnde Unrechtsbewusstsein vieler Menschen gegenüber der Vertreibung der jüdischen Wohnbevölkerung aus dem Dorf auch genährt wurde. Aus der Sicht des Antragstellers war Max A. ohne Zweifel ein wohlhabender Mensch gewesen. Dem gegenüber betont der Antragsteller, wie übrigens auch die anderen Bewerber um ein „Judenanwesen", seine eigene Notlage. Dass Max A…… mit seiner Familie bald darauf im KZ umgebracht werden würde, mag der Antragsteller nicht in sein Kalkül gestellt haben, [19] wenngleich ihm der unmenschliche Hintergrund dieser frei gewordenen Immobilie nicht verborgen geblieben sein kann. Zu viel war inzwischen, nicht erst seit 1938, mit den jüdischen Bürgern des Dorfes passiert.

Wieweit die Antragsteller auf diese „Judenhäuser" vom weiteren Schicksal der vertriebenen jüdischen Mitbürger wussten, bleibt Vermutung. Ahnungslos dürften sie aber als Parteigenossen nicht gewesen sein. Es wurde nach dem Krieg immer gesagt, davon haben wir nichts gewusst. Das bezweifle ich. Für diese Annahme bemühe ich eine kindliche Reminiszenz. Wenn Kinder sich in die Haare gekommen waren, kam es oft genug vor, dass einer auftrumpfte: „Du gehörst vergast!" Woher hatten die Kinder das?

Die seit der Deportation der Familie A…… endgültig verwaiste Synagoge wurde, wie ich mich selbst erinnere, während des Krieges entgegen den offiziellen Absichten (vgl. o. g. Schreiben) offenbar nicht weiter benutzt, sondern – vielleicht aus Geldmangel – dem Verfall preisgegeben.

<u>Nachtrag</u>: Unmittelbar nach Kriegsende verlangte die Militärregierung von der Gemeinde Schonungen, die Synagoge wieder zu renovieren. Als ein Vertreter der Gemeinde bzw. des Landrats meinte, man hätte momentan Wichtigeres zu tun,

---

[19] Vgl. in: Alemannia-judaica. Schonungen. Zur Geschichte der jüdischen Gemeinde., S.2

wurde von der Militärregierung klargestellt, dass diese Renovierung unverzüglich zu erfolgen habe. [20] *„Aufgrund einer Besprechung mit der amerikanischen Militärregierung ist die Synagoge in Schonungen umgehend wiederherzustellen. Die Ausführung der Arbeit hat im Sinne der Bestimmungen über die Durchführung von Sofortmaßnahmen zu erfolgen. Die anfallenden Kosten sind dem Landkreis Schweinfurt zu Lasten des Sonderkontos „Beutegut" bei der Kreissparkasse in Rechnung zu stellen."*[21]

Unklar ist, auf wessen Initiative dieser Vorstoß der Militärregierung erfolgte. Meine Schwester Ursel meint sich zu erinnern, dass eine jüdische Familie nach dem Krieg vorübergehend wieder in Schonungen gelebt habe. Denkbar ist auch, dass einer der in die USA emigrierten Schonunger Juden auf die Synagoge des Ortes hingewiesen hat. Vielleicht war das ansonsten heruntergekommen Gebäude aber auch nur aufgrund seiner Bauweise als Synagoge erkennbar gewesen und hat den Sinn der Militärverwaltung für eine nachholende Gerechtigkeit gegenüber den deportierten Juden herausgefordert.

Vor diesem Hintergrund ist mir unbegreiflich, wie die Synagoge in Privatbesitz übergehen konnte, ohne dass sich die Gemeindeverwaltung von Schonungen um den Schutz dieses Denkmals jüdischer Präsenz in Schonungen auch weiterhin gekümmert hätte.

Ende dieses Exkurses..

Die Familie wächst

Mit den Jahren wurde unsere Familie immer größer. Nach mir wurden im Laufe der Zeit noch fünf Geschwister geboren. Das war eine Tatsache, die ich für so selbstverständlich hielt, dass ich mir keine Gedanken über evtl. Fragen oder Probleme in diesem Zusammenhang gemacht habe. Dass unsere Mutter schwanger war, habe ich nie bemerkt. Darüber wurde auch nicht gesprochen. Wenn sie Schwangerschaftsprobleme gehabt haben sollte, an mir sind sie vorbeigegangen. Es kam immer einmal wieder ein neues Geschwisterchen, und das war wunderschön.

---

[20] Schreiben des Bürgermeisters vom 14. Mai 1945 an die Militärregierung von Schweinfurt, a.a.O.
[21] Schreiben des Landrats an Schreinermeister B. vom 1. Juni1945, a.a.O. Aufgeführt als Randnotiz ist auf diesem Durchschlag auch eine Kostenaufstellung des Schreinermeisters B.

1937, am 20. Oktober, kam das „Brüderle" zur Welt, mein Bruder Dieter, mit dem ich viele Erinnerungen teile. Damals war er nur einfach süß. Wir liebten ihn, bedingungslos. Dunkel erinnere ich mich daran, dass ich ihn manchmal sogar auf den Arm nehmen durfte. Was wollte ich mehr.

Unvergesslich ist mir ein Abend im Winter, heute weiß ich, dass es so um den 24. Februar 1939 gewesen sein muss. Bärbel, die große Schwester, fragt uns, ob wir denn wieder einmal ein Geschwisterchen haben wollten? Dann brauchten wir nur für den Storch einen Löffel mit Zucker aufs Fensterbrett zu legen. „O ja, ein Schwesterchen, das wäre toll", meinte ich. Bärbel war mit dieser Einschränkung nicht einverstanden. So ließe sich der Storch nicht festlegen. Ob er ein Schwesterchen oder ein Brüderchen bringe, das müssten wir schon ihm überlassen. Ich aber blieb stur. Ein Brüderchen hatten wir schon, nun wollte ich ein Schwesterchen. Und nur mit dieser Einschränkung war ich bereit, den Löffel mit Zucker aufs Fensterbrett zu legen

Am nächsten Morgen, was liegt bei Mama im Bett? Ätsch, ein Schwesterchen! Ich hatte recht behalten, ich hatte mich gegen meine große Schwester durchgesetzt. Am 25. Februar 1939 war unsere Schwester Christel geboren worden. So hatte ich nun ein Brüderchen und ein Schwesterchen, wie reich ich doch war. Christel war ein Baby mit schönen blonden Locken und braunen Augen. Schon mit 10 Monaten konnte sie laufen, ein Wunderkind. Sie war die siebte von uns. Jetzt waren wir endgültig eine Großfamilie.

Im Nazideutschland wurden Mütter vieler Kinder mit dem Mutterkreuz geehrt. So viel ich weiß, waren viele Kinder auch ein Freibrief, als bald darauf der Krieg begann. Wer mindestens sieben Kinder hatte, wurde nicht mehr eingezogen. Ein Glücksfall für uns, die wir auch im Krieg immer einen Vater für uns hatten. Bald nach der Geburt von Christel wurde unserer Mutter wohl das Mutterkreuz verliehen. Jedenfalls trug sie es bei einer großen Familienfeier im Oktober 1940, wie ein Foto beweist.

Die „Kernfamilie", 1940

Das Mutterkreuz verdient eine genauere Betrachtung. Ursel behauptet, Mama hätte das goldene Mutterkreuz gehabt, während die Großmutter Vogel nur ein silbernes gehabt habe. Das irritiert mich. Denn zum Zeitpunkt des besagten Fotos hatten beide sieben Kinder, waren sich also als Mütter ebenbürtig. Ich will deshalb der Sache auf den Grund gehen und freue mich, dass ich im Archiv von Schonungen

Die „Großfamilie Vogel". 1940, silberne Hochzeit der Großeltern Vogel.

zum Thema Mutterkreuzverleihung allerhand Hinweise finde.

Exkurs: Nationalsozialistische Familienpolitik – das Mutterkreuz

Der „*Reichsbund der Kinderreichen Deutschlands zum Schutze der Familie e. V."* war bereits 1922 ins Leben gerufen worden. Er war also ein Konstrukt der Weimarer Republik mit einer ursprünglich sozialpolitischen Zielsetzung. Aber schon 1934 wurde er von der Reichsregierung der NSDAP umfunktioniert, indem er als „*Bevölkerungspolitische Kampforganisation"* anerkannt wurde. Sie sollte in Städten und

Gemeinden mit der Einrichtung von Ortsgruppen[22] gefestigt werden. In einem Schreiben vom 5. Dezember 1934 wandte sich der Landesverband Unterfranken mit Sitz in Würzburg zu diesem Zweck an die Bürgermeister der Städte und Gemeinden. Erfragt wurden dabei die Adressen kinderreicher Familien verbunden mit der Bitte um Vorschläge für einen vertrauenswürdigen „Herrn" für die Position eines „Ortsgruppenwartes".[23]

Eine konsequente Fortführung dieser Familienpolitik, wahrscheinlich auch im Blick auf den bevorstehenden Krieg, war die Einführung des Mutterkreuzes. In einer Verordnung des „Führers" vom 16. Dezember 1938 heißt es einleitend: *„Als sichtbares Zeichen des Dankes des Deutschen Volkes an kinderreiche Mütter stifte ich das Ehrenkreuz der Deutschen Mutter".* Es wurde am Muttertag 1939 zum ersten Mal feierlich verliehen und war sozusagen die Krönung der nationalsozialistischen Familienpolitik, die auf Expansion für das *„Volk ohne Raum"*[24] durch Förderung der Geburtenzahlen setzte. Für das Mutterkreuz gab es drei Stufen: Stufe 3 für Frauen mit mindestens 4 Kindern, Stufe 2 für Frauen mit mindestens 6 Kindern und Stufe 1 für Frauen mit 8 und mehr Kindern. Wegen der hohen Zahl von Bewerberinnen wurden am Muttertag 1939 zunächst nur die über 60-jährigen Mütter geehrt. Alle anderen Frauen erhielten es am Erntedankfest des gleichen Jahres. Dass nur rassisch einwandfreie und gesunde Mütter geehrt wurden, versteht sich von selbst. Ob und inwieweit man sich dieser Ehrung entziehen konnte, ist mir nicht bekannt. Aus den entsprechenden Unterlagen im Archiv von Schonungen geht hervor, dass auch unsere Mutter Else Vogel auf der Liste der zu Ehrenden aufgeführt wird und - so darf unterstellt werden - spätestens zum Erntedankfest 1939 damit stolze Besitzerin des Silbernen Mutterkreuzes geworden ist. Sollte sie tatsächlich das goldene Mutterkreuz erhalten haben, so doch frühestens im Jahre 1941 nach der Geburt von Brigitte am 27. Dezember 1940 als ihrem achten Kind. Einen Nachweis darüber habe ich allerdings nicht gefunden.

Vergessen wir also das Mutterkreuz. Überboten werden konnte es nur dadurch, dass Adolf Hitler höchst persönlich für ein Kind die Patenschaft übernahm. Auf diese Möglichkeit stieß ich eher zufällig. Es war eine Absage an einen Vater aus Schonungen, der sich für seinen Jüngsten aus einer sicher schon

---

[22] Schreiben vom 5. Dez. 1934 an die Bürermeister durch D., Geschäftsstellenleiter
[23] dto.
[24] Titel eines Buches aus der Nazizeit, der mir in Erinnerung geblieben ist.

zahlreichen Kinderschar nichts sehnlicher gewünscht hatte, als eine Patenschaft Hitlers. Die Absage kam von ganz oben, aus der Präsidialkanzlei in Berlin:

„Auf den durch Vermittlung Ihres Herrn Bürgermeisters gestellten Antrag wird ergebenst erwidert, dass nach den geltenden Grundsätzen Ehrenpatenschaften des Führers und Reichskanzlers nur in solchen Fällen übernommen werden, in denen einschließlich des Patenkindes <u>mindestens</u> 9 lebende Kinder oder 7 lebende Söhne vorhanden sind, die von dem Kindesvater abstammen.

Da diese Voraussetzung in Ihrem Falle nicht erfüllt ist, kann Ihrer Bitte leider nicht entsprochen werden. Im Auftrag gez. G……..“[25]

Was ich daraus gelernt habe? Mein jüngster Bruder Ulrich als unser Neunter hätte Hitler jedenfalls zum Patenonkel bekommen können – wenn das im Oktober 1944, als er geboren wurde, noch eine ernsthafte Option gewesen wäre. Glück gehabt. Ende dieses Exkurses.

Schulzeit in Schonungen

1939 wollte mich meine Mutter zur Einschulung anmelden. Da ich Ende September geboren bin, war ich vom Alter her ein Grenzfall. Die Lehrerin, Fräulein O., musterte mich abschätzig von oben bis unten und sagte dann entschieden: „die reicht ja noch nicht einmal mit den Füßen auf den Boden." - „Ist die blöd!", sagte ich nach dieser Ablehnung zu meiner Mutter, „ich stehe doch!" So wurde ich erst 1940 eingeschult, eine Spätentwicklerin.

Der Treppenaufgang zur Schule

Die Schule lag auf dem Berg. Man musste an die 100 Stufen erklimmen, ehe man oben ankam. Fräulein O. war streng und wir ABC-Schützen hatten Angst vor ihr. Einmal hatte ich mich verspätet; ich hörte von unten schon das Läuten. Da setzte ich mich weinend auf die untersten Stufen, weil ich nicht wusste, was ich nun machen sollte. Zufällig kam da der

---

[25] Der Staatssekretär und Chef der Präsidialkanzlei, Berlin W 8, Voßstrasse 1, Schreiben an Herrn T…. G…., Schonungen (Mainfranken), Bachstr. 25. In: Archiv Schonungen I / 3. 2

Bürgermeister vorbei. Er fragte mich, warum ich denn weine. Ich gestand ihm schluchzend, dass ich Angst hätte vor dem Fräulein - so wurde die Lehrerin, Fräulein O., allgemein genannt - weil ich mich verspätet habe. Da begleitete er mich nach oben und ging mit mir in die Klasse. Er sagte dem Fräulein, sie solle mich doch nicht schimpfen! Ich hätte Angst vor ihr. Kaum war er zur Türe draußen, bellte sie: „Warum hast du denn Angst vor mir; ich tue dir doch nichts!" - woraufhin ich wieder zu weinen anfing.

Meine ersten Schuljahre gingen ansonsten problemlos vorüber. Ich war gut im Rechnen und Lesen und nach Aussagen ehemaliger Mitschülerinnen eine brave stille Schülerin. Aber es war Krieg. Anfänglich war der noch weit weg, eher ein Phantom. Wir wurden mit den Siegesnachrichten unserer Soldaten überschüttet und zu Tapferkeit und Treue angehalten. Der „Führer" war unser edelstes Vorbild. Wie Er, so wollten wir alle werden. *„Du bist ein deutsches Kind, so denke dran, von alters her im deutschen Volke war der höchste Ruhm, getreu und wahr zu sein."*[26] Irgendwelche Zweifel kannten wir (noch) nicht. Wenn etwas Böses geschehen war, sagte man: *„Wenn das der Führer wüsste!"* Mit diesem naiven Weltbild wuchsen wir auf, jedenfalls in der Schule.

Kriegsbeginn

An den Beginn des Krieges kann ich mich nicht erinnern, vielleicht, weil mich das Fräulein ja 1939 nicht in die Schule aufgenommen hatte, wo dieses Ereignis sicher gebührend gefeiert worden ist. So musste oder durfte ich noch eine Weile warten, bis auch ich vom allgemeinen Strudel der frühen Kriegsbegeisterung erfasst wurde. Bis das soweit war, erzog mich vor allem unser Großvater, der damals noch bei uns wohnte. Er half uns bei manchen Kalamitäten, die uns als Kinder passierten, zum Beispiel ersetzte er mir 50 Pfennige, die ich auf dem Weg zum Kaufmann verloren hatte, und bewahrte mich so vor der mütterlichen Schelte. Jeden Sonntag begleitete er uns nach Mainberg, wo unterhalb des Schlosses in einer Holzbaracke der Kindergottesdienst für die evangelischen Kinder stattfand. Er selbst setzte sich währenddessen in das nahe gelegene Gasthaus und trank, so vermute ich, ein Bier oder einen Schoppen. Dann brachte er uns wieder nach Hause. Von den Leuten, die wir unterwegs trafen, wurde er immer ehrfurchtsvoll als „Herr Oberingenieur"

---

[26] Ein seinerzeit bekanntes Lied

begrüßt. Offenbar galt er als eine moralische Instanz. Als 1940 schon wieder ein Kind unterwegs war, wurde es endgültig zu eng bei uns im Haus, und der Großvater musste ausziehen. Wir brauchten seine kleine Wohnung im Parterre des Hauses nun für uns selbst. Er zog nach München. Nicht lange danach ist er dann an den Folgen einer Typhuserkrankung gestorben.

Das mit dem Storch…

Störche gab es damals noch in unserer Gegend. Vielleicht gab es nicht viele; aber von Zeit zu Zeit sah man sie doch. Im September 1941 wurde ich in Schweinfurt im St. Josephs-Krankenhaus an einem Leistenbruch operiert. Fast zwei Wochen musste ich im Krankenhaus bleiben. Ich lag auf der Kinderstation, durfte aber bald auch herumlaufen. Die Neugeborenen lagen ebenfalls auf dieser Station. Sie, die Babys, haben mich natürlich am meisten interessiert. Unvergessen ist mir, wie mir einmal eine Schwester einen Storch zeigte, der am Fenster vorüber flog, und mir erklärte, der habe gerade ein neues Baby gebracht. Toll! Der Storch war also fester Bestandteil unserer kindlichen Welt. Aber irgendwann fing die an zu wanken. Nicht alles, was einem die Erwachsenen erzählten, durfte man glauben.
Es wird bald nach meinem Krankenhauserlebnis gewesen sein. So auf der Höhe von Röschs Haus[27] steckten Kinder aus meiner Klasse ihre Köpfe zusammen und tuschelten. Ich wurde nach kurzer Beratung auch zugelassen und erfuhr nun die unglaubliche Neuigkeit: „Das mit dem Storch stimmt überhaupt nicht. Der bringt gar nicht die Babys. Die bringt die Patin[28] in ihrer großen Tasche mit."

Der Krieg kommt näher – eine Heldengedenkfeier

Schonungen war ein Dorf mit vielen Helden. Immer wieder wurden wir in der Schule auf diese großartige Tatsache hingewiesen. Einer unserer Helden erhielt eines Tages sogar das Ritterkreuz mit Schwertern und Brillianten. Wofür, weiß ich natürlich nicht, wie er hieß, weiß ich auch nicht mehr. Aber was ich weiß, ist, dass es ihm zu Ehren eine große Feier gab. Das Dorf war stolz auf seinen großen Sohn.

---

[27] Gretel Rösch war eine Schulkameradin, die unweit von uns wohnte und zu der ich engen Kontakt hielt.
[28] Fränkische Bezeichnung für die Hebamme

Mitten im Dorf, unweit des Bahnhofs, war im Frühjahr 1943 eine Heldengedenkstätte errichtet worden. Dieses Zeitfenster entnehme ich der Tatsache, dass das entsprechende Grundstück erst 1943 von der Besitzerin, einer Frau S., der *„Kriegskameradschaft Schonungen"* für eine *„Kriegergedächtnisstätte"* pachtweise zur Verfügung gestellt worden war.[29] Das Desaster der Schlacht von Stalingrad war zu dieser Zeit in aller Munde. Die Nachrichten von den „auf dem Felde der Ehre" Gefallenen hatten sich schrecklich gehäuft. Und so war es sicher eine gute Idee gewesen, zum Gedenken an diese Gefallenen eine Gedächtnisstätte im Zentrum des Dorfes zu errichten. Ich erinnere mich an ein etwa dreieckiges eingefriedetes Terrain schräg gegenüber dem Bahnhof mit kleinen Holzkreuzen innerhalb der Einfriedung und viel Platz für Aufmärsche oder weitere Kreuze. Einige Jahre nach dem Krieg wurde auf diesem Grundstück die neue katholische Kirche errichtet.

Einen ersten Kratzer bekam das Bild von unserem glorreichen Krieg in meinen Augen wahrscheinlich damals, im dritten Schuljahr, 1943, kurz nach der Errichtung dieser Kriegergedächtnisstätte.

Ehemals Platz d. Kriegergedächtnisstätte

Im Dorf wurde ein Transport mit verwundeten Soldaten erwartet. Vermutlich war es im Frühjahr 1943. Der Zug mit den Verwundeten machte Station in unserem Dorf. Woher sie kamen, wussten wir nicht. Gut möglich, dass sie zu den Wenigen gehörten, die dem Kessel von Stalingrad entkommen waren. Schon Tage vorher waren wir in der Schule auf das große Ereignis vorbereitet worden. Ein Begrüßungslied wurde mit uns einstudiert. Wir Kinder waren alle frohgemut und hoch gestimmt. Und auch die Lehrer waren, so nehme ich an, zum großen Teil noch siegesgewiss. Strahlendes Frühjahrswetter tauchte die Kriegergedächtnisstätte, auf der die verwundeten Soldaten empfangen wurden, in Festtagsstimmung. Reden wurden geschwungen, Musik gespielt. Aber

---

[29] Vgl. handschriftliches Schreiben der Frau Schlereth an den Gemeinderat Schonungen, dort eingegangen am 27. Nov. 1946. Archiv von Schonungen.

als erstes durften wir Kinder singen. Wir taten es mit Inbrunst und schmetterten, was die Stimmen hergaben, dieses lange mit uns einstudierte Lied:

Es gibt nichts Schöneres auf der Welt......[30]

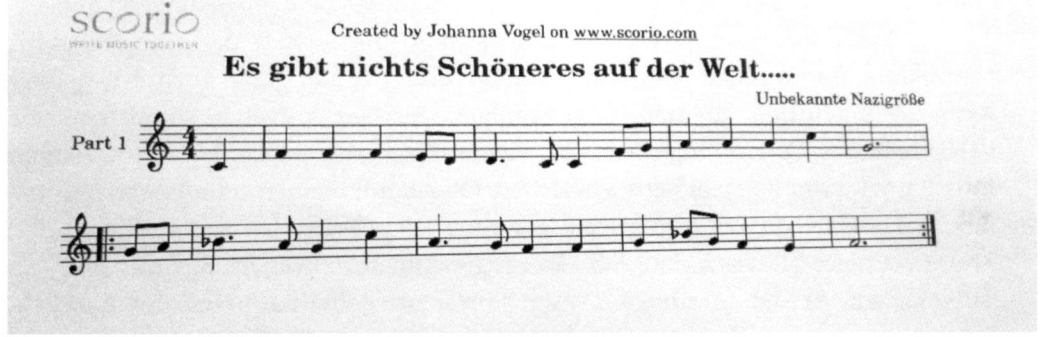

„*Es gibt nichts Schöneres auf der Welt,
es kann nichts Schöneres sein,
als wenn Soldaten ziehn ins Feld,
wenn sie beisammen sein.*

*Wenn's blitzt, wenn's donnert und wenn's kracht,
wir fürchten keine Glut,
wenn's Blut von unsren Säbeln trieft,
dann haben wir frohen Mut.*"

Später, zu Hause, sitzt bei uns am Tisch einer dieser verwundeten Soldaten. Er war unser Gast. Wie die Verteilung dieser Verwundeten auf Familien im Dorf organisiert worden war, konnte ich nicht herausfinden. Wahrscheinlich hatten sich interessierte Bürger darum beworben. Jedenfalls waren sie bei verschiedenen Familien zum Essen oder zum Nachmittagskaffee eingeladen worden, und machten nach der Erinnerung meiner Schwester Ursel für eine Nacht Station im Dorf, ehe sie zur Kur oder in ein Lazarett weitertransportiert wurden.

---

[30] Das ist die Originalmelodie. Ich habe nur die Notenzeilen druckreif „created".

Unserem Gast fehlte ein Bein. Ein Arm war dick verbunden. So etwas hatte ich bis dahin noch nicht gesehen. Leise unterhielt er sich mit meinem Vater. Das Gespräch war nicht für unsere Ohren bestimmt. Aber ich, neugierig, wie ich war, spitzte die Ohren und verstand doch so viel, dass dieser Soldat unser Lied als sehr unpassend empfunden hatte. Da schämte ich mich, dass ich dieses Lied mitgesungen hatte.

Auch auf andere Weise machte sich in dieser Zeit der Kriegsfortschritt bemerkbar. So mussten wir Schülerinnen und Schüler jetzt auch Kriegsdienst leisten. Wir wurden für mehr oder weniger wichtige Aufgaben stundenweise an verschiedenen Orten eingesetzt. In einem Gasthaus gegenüber dem Bahnhof mussten wir zum Beispiel Betten beziehen. Ob ich mit meinen zehn Jahren und zwei linken Händen da so erfolgreich gewesen war, weiß ich nicht. Ein anderer kriegswichtiger Einsatz ist mir in angenehmerer Erinnerung: es ging um Tütenkleben für die Apotheke. Diesen Einsatzort liebte ich; denn der Apotheker beschenkte uns mit Bonbons. Ich hatte den Eindruck, dass er unsere Hilfe nicht wirklich brauchte, aber ich ging gerne dorthin, weil er immer nett zu uns war.

Maria Olinez

Das Management unserer immer größer werdenden Familie war ohne jeden Zweifel auch für meine Mutter eine logistische Herausforderung. Die vielen wechselnden Kinderschwestern und Hausmädchen sind eine ebenso vage wie feste Größe in meiner Erinnerung. Nett oder blöd wie sie waren gehörten sie doch immer dazu. Vielleicht am besten kann ich mich bis heute an Maria Olinez erinnern. Sie ist immerhin fast drei Jahre bei uns geblieben, freiwillig, unfreiwillig? Das wussten wir nicht.

Unvergessen der Tag, an dem sie kam. Unsere Mutter hatte im Tiefparterre unseres Hauses, einem halben Kellerraum der ehemaligen Wohnung des Großvaters, ein Zimmer für sie hergerichtet. Ein Bett standen drin, ein paar Stühle und vielleicht auch noch ein Kasten oder ein Schrank und ein Tisch.

Wir Kinder sitzen jedenfalls staunend vor ihr und sehen zu, wie sie ihren Koffer auspackt. Ein paar Kleidungsstücke, ein großes buntes Tuch, kommen heraus und Berge von getrockneten Brotbrocken. Diese vielen trockenen Brotstückchen werde ich nie vergessen. Es war ihr Reiseproviant gewesen.[31] Wir freundeten uns bald mit ihr an, denn sie war lustig. Sie brachte uns Volkstänze bei und allerlei Lieder. Auch ein paar Brocken russisch habe ich von ihr gelernt, die ich bis heute kann. Hauptsächlich arbeitete sie in der Küche und im Garten.

Sie hieß Maria. Wenn wir sie ärgern wollten, sagten wir zu ihr Maruschka. Dann antwortete sie: *„ich nix Maruschka, ich Maria, ich nix Ruski, ich Ukraine"*. Das war ihr wichtig. Als im Oktober 1944 mein Bruder Ulrich geboren wurde, rief sie weinend durchs Haus: „Mama, Mama, Mama krank". So gesehen war sie unsere Kassandra oder Seherin. Sie gehörte einfach dazu.

Nach Kriegsende wurde sie auf einmal abgeholt. Den Hintergrund für diese plötzliche Abreise kannte ich natürlich nicht. Aber dass sie nicht freiwillig ging, merkte auch ich. „Mama, Mama", rief sie verzweifelt. Ich sehe noch, wie sie weinend die Treppe neben dem Haus hinunter lief, wo sie von wem auch immer schon erwartet wurde. Aber meine Mutter konnte ihr nicht helfen. Wir sprachen später noch oft von ihr und fragten uns, was wohl aus ihr geworden sein mag. Dass meinen Eltern die Absprachen zwischen den Alliierten über die Rückführung der Zwangsarbeiter bekannt gewesen waren, glaube ich nicht. Aber dass ihre unfreiwillige Abreise mit dem verlorenen Krieg zu tun hatte, war sogar mir klar.

Exkurs: Nachforschungen zu Maria Olinez

Erst der endgültige Fall des eisernen Vorhangs in den 90er Jahren machte es möglich, Nachforschungen nach verschollenen ehemaligen Wehrmachtsangehörigen, aber auch nach russischen Zwangsarbeitern und Flüchtlingen anzustellen. Eine Flut von Suchanfragen häufte sich bald beim Suchdienst des Internationalen Roten Kreuzes, das davon anfangs zweifellos überfordert war.

Und so verlief meine Suche:

Am 8. Februar 2001 bekam ich von der Gemeinde Schonungen die Daten über Ankunft und Abreise von Maria Olinez aus Woskresenka, Ukraine in Schonungen. Ihr ungefähres Alter, geb. ca. 1928,[32] samt ehemaliger Adresse, sorgfältig aufgelistet.

---

[31] Elena Dimitrowa, eine russische Künstlerin auf Pellworm, hat mir gesagt, es sei in Russland bis heute üblich, getrocknetes Brot als Reiseproviant mitzunehmen, weil man nie wisse, wie lange die Reise dauert.

[32] Nach meiner Erinnerung war sie damals schon älter?!

Die Bürokratie hat also auch im Dritten Reich prima funktioniert. Diese Daten schickte ich an den Internationalen Suchdienst des Roten Kreuzes. Zwei Zwischenbescheide vom 28 Juni und 6. Juli 2001 vertrösteten mich auf später, da man viel zu tun habe. Am 4. Januar 2006 kam wieder ein Zwischenbescheid, dass man nun konkrete Nachforschungen anstellen werde. Am 19. Juni 2006 dann die Information, dass Maria Olinez am 21. März 2006 verstorben ist, sowie die Adresse ihrer Tochter.

Ich schrieb dieser Tochter postwendend einen Brief[33],
„Sehr geehrte Frau Jakuschtschenko,
vom Internationalen Suchdienst des Roten Kreuzes habe ich heute Ihre Adresse bekommen mit der traurigen Nachricht, dass Ihre Frau Mutter Maria Sergejewna Olenez, nach der wir seid vielen Jahren gesucht haben, am 21. März dieses Jahres verstorben ist. Dazu mein herzlichstes Beileid.
Von 1942 bis 1945 war Ihre Mutter als Haushaltshilfe bei unsrer großen Familie in Schonungen bei Schweinfurt beschäftigt. Ich selbst war damals ein Kind, das vierte von insgesamt neun Geschwistern, und erinnere mich noch sehr gut an sie. Sie war jung und lebenslustig, und hat uns ukrainische Volkslieder- und -tänze gezeigt und beigebracht, und auch ein paar Brocken Russisch, die ich noch heute kann. Ich erinnere mich auch gut daran, dass sie großen Wert darauf legte, dass sie keine Russin war, sondern Ukrainerin. Wir mochten sie gerne, und ich glaube, sie hat sich in unserer Familie auch wohl gefühlt. Ob sie damals von den Nazis nach Deutschland verschleppt worden ist oder sich freiwillig für eine Arbeit in Deutschland gemeldet hatte, weiß ich natürlich nicht. Ich erinnere mich nur, dass sie nach dem Krieg sehr ungern von uns weggegangen ist; aber das wurde wohl von den Siegermächten so erzwungen. Meine Eltern, die inzwischen auch schon lange tot sind, haben später versucht, etwas über ihr weiteres Schicksal zu erfahren; aber damals natürlich ohne Erfolg.
Jetzt würde ich mich sehr freuen, wenn Sie mir noch ein wenig aus dem Leben ihrer Mutter berichten könnten und vielleicht auch ein Foto von ihr schicken könnten. Wir haben in zwei ein halb Wochen eine große Familienfeier, zu der alle meine Geschwister mit ihren

---

[33] Brief vom 20. Juni 2006 an:
Jakuschtschenko Lidija Wladimirowna in Woskressenka.

Kindern und Enkeln kommen werden. Und ich glaube, alle würden sich freuen, wenn ich bei der Gelegenheit eine Nachricht oder einen Gruß von Ihnen vorlesen könnte.
Ich hoffe, Sie mit meinem Brief nicht allzu sehr zu belästigen.
Mit herzlichen Grüßen und Wünschen.
Johanna Vogel"

Schon nach kurzer Zeit erhielt ich Antwort von der Tochter:

„Guten Tag, sehr geehrte Johanna,
Vielen Dank für den Brief. Es ist sehr schön, zu wissen, dass es Menschen gibt, die sich an meine Mama erinnern können und mehr von ihr wissen wollen. Meine Mama war ihr ganzes Leben lang fröhlich, tüchtig, arbeitsam und schön.
1942 wurden Jugendliche aus unserem Dorf verschleppt, keiner wusste wohin. Es wurde viel geweint. Auch jetzt noch können sich ältere Leute gut an diese schrecklichen Zeiten erinnern.
Als der Krieg vorbei war, wurde die Mama von russischen Soldaten abgeholt und wieder zur Arbeit geschickt. Es war eine Fabrik in Deutschland. Da ist sie ein halbes Jahr geblieben und hat meinen Vater kennen gelernt. Sie haben sich leider unter schlimmen Umständen getrennt. Die Mama hat erzählt, dass er gestorben ist. Ende 1945 kam sie nach Hause und ist bei ihren Eltern geblieben. Sie hat immer gearbeitet, auf dem Feld und bei den Tieren, und auch als Krankenpflegerin. Sie war nie verheiratet gewesen.
1969 nach dem Schulabschluß habe ich einen Mann geheiratet und zwei Söhne zur Welt gebracht Ich arbeitete als Schneiderin in einem Atelier. Heutzutage bin ich Rentnerin.
Meine Mama konnte sich an Eure Familie ganz gut erinnern. Sie sagte immer, dass meine Kinder wie die Kinder in Deutschland wären. Manchmal hat sie etwas auf Deutsch gesungen. Bis zuletzt war sie fit, und ist „auf dem Gang" gestorben. Ihre Schwester lebt noch und ist auch sehr gerührt über Ihre Aufmerksamkeit. Noch einmal vielen Dank für Ihre Erinnerungen.
Viele Grüße von mir, von meiner Familie und von meiner Tante. Auf Wiedersehen."[34]

Maria Olinez im Alter

---

[34] Elena, eine Russin, die auf Pellworm lebt, hat mir als Dolmetscherin bei diesem Briefwechsel geholfen,

Was soll man zu dieser Geschichte sagen. Ich war sauer auf das Rote Kreuz. Hätten die ein bisschen zügiger gearbeitet, hätte die alte Frau noch zu Lebzeiten unseren Gruß gehabt. Damals hätte ich sie vielleicht sogar noch besuchen können.

Fliegerangriffe

Feierstunden für kriegerische Erfolge wurden immer wichtiger. Denn der Krieg, der uns so lange nur als sagenhaftes Heldenfestival begleitet hatte, kam näher und zeigte sich nun von seinen hässlichen Seiten. Die ersten Fliegerangriffe auf Schweinfurt seit dem Frühjahr 1943 rissen auch die Bewohner von Schonungen aus ihrem Siegestaumel. Jetzt mussten auch wir in den Keller, sobald es Alarm gab. Der Voralarm war noch harmlos, jedenfalls in der Regel. Er war nur eine Warnung, dass bald Bomber kommen könnten. Manchmal kamen sie auch nicht. Dann drehten sie ab, und warfen ihre Last über einer anderen Stadt ab. Aber immer öfter und immer heftiger galt ihr Interesse gerade Schweinfurt. Und die vage Vorstellung davon, dass dort bei diesen Angriffen Schreckliches passierte, berührte auch unsere kindlichen Seelen. Der Krieg machte uns nun Angst.

Wenn Voralarm war, tagsüber, was immer häufiger vorkam, dann bekamen wir schulfrei. Wir sollten rasch nach Hause gehen, war die Order. Mein Schulweg war weit. Mindestens einen Kilometer hatte ich von der Schule aus nach Hause zu laufen. Gelegentlich fing dann der Angriff schon an, solange wir Kinder noch auf der Straße unterwegs waren.

Auf dem Kaltenhof oberhalb des Dorfes gab es eine Flakstellung, die die anfliegenden Bomber abzuschießen hatte. Wie erfolgreich die Schützen dabei waren, weiß ich nicht. Gefährlich waren sie aber auch für uns Zivilisten. Einmal, ich rannte voller Angst heimwärts, weil es um mich herum schon krachte und knallte, fing mich der Bürgermeister vor seinem Haus ab und zerrte mich in seinen Keller. Er zeigte mir einen langen schmalen und spitzen Flaksplitter, der unmittelbar vor mir zu Boden gefallen sein musste. Und er wetterte über den Schulleiter, der die Kinder in diese Gefahr hatte hineinlaufen lassen. Ich glaube, ich freute mich insgeheim, dass er über diesen Schulleiter so verärgert war; denn wir mochten ihn auch nicht.

An der Treppe, die zur Schule führte, war ein hölzernes Schild angebracht mit dem Hinweis: „Zum Landwachtpostenführer". Was das war, wussten wir nicht[35]; aber wer das war, wussten wir schon. Eines Tages entdeckte ich, dass jemand den „Landwachtposten" durchgestrichen hatte, und darüber geschrieben hatte: „Zum Plattfußtoni". Vielleicht, so würde ich heute sagen, war dieser Schmierfink ja auch ein heimlicher Held. Ob er erwischt wurde?

Der Schulleiter – ihn hatten wir in der 3. und 4. Klasse – war nicht nur streng. Aus heutiger Sicht würde ich sagen, er war auch brutal. Er prügelte weidlich, oft aus nichtigem Anlass. Die Buben bekamen sechs Hiebe mit dem Stöckchen auf den Hintern, die Mädchen auf die Hand. Mehr als sechs Hiebe durfte er nicht geben. Das wussten wir. Die Kunst bestand also darin, die Misshandlung mit unbewegtem Gesicht zu ertragen und dann grinsend zu sagen: „Es hat überhaupt nicht weh getan!" Ob uns das immer gelungen ist, kann ich freilich nachträglich nicht mehr sagen. Aber ich weiß, dass ich mich in diesem Stoizismus geübt habe.

Irgendwann im Frühjahr 1944 wurde auch Schonungen bombardiert. Es war nachts. Wir saßen im Keller. Unsere Mutter verteilte Beruhigungspillen an die Kinder. Nur ich bekam keine Pille, wahrscheinlich, weil ich meine Angst nicht zeigte. Ich wollte mitbekommen, was passiert. Aus der Hektik der Erwachsenen, die immer wieder miteinander flüsternd raus gingen, und nach Wassereimern suchten, konnte ich entnehmen, dass Nachbarhäuser getroffen worden waren und brannten. In meiner Fantasie spielte sich da draußen ein Inferno ab. Früh, nach dem Aufwachen, wagte ich es lange Zeit nicht, aus dem Fenster zu schauen. Ich hatte Angst, ganz Schonungen läge in Schutt und Asche.

Ob dieser Angriff das Dorf absichtlich oder versehentlich getroffen hatte, wussten wir nicht. Aus einem Briefwechsel des Jahres 1956 zwischen dem Landratsamt Schweinfurt und der Gemeinde Schonungen zum Thema „Vorbereitung auf den Luftschutz" – es war die Hoch-Zeit des Kalten Krieges – geht hervor, dass es sich bei jenem Angriff auf Schonungen um einen „Notabwurf" von Bomben gehandelt habe. Es seien etwa 20 Häuser getroffen worden. Die daraus resultierenden Brände hätten mit der örtlichen Feuerwehr oder auch privaten

---

[35] Ganz klar ist mir seine Funktion bis heute nicht. Auf einer Internetseite militärischer Provenienz wurde der Titel erläutert als eine Art polizeilicher Funktion gegenüber Kriegsgefangenen und Zwangsarbeitern, sozusagen eine Art Nebenpolizei o. ä. Vermutlich gab es im Dorf noch mehr Zwangsarbeiter/innen, die von ihm überwacht werden mussten.

Initiativen gelöscht werden können. Schwerere Schäden, auch Personenschäden, habe es nicht gegeben[36].

Ich erinnere mich, am Tag darauf in unserem Garten ein merkwürdiges sechseckiges Metallrohr von etwa 30 cm Länge gefunden zu haben. Ich zeigte es stolz unserer Mutter, die es sofort entsetzt aus dem Küchenfenster in den Garten warf. Mein interessanter Fund war eine Brandbombe gewesen.
Auch wenn dieser Angriff auf Schonungen also nur ein „Notabwurf" war, - woher wusste man das eigentlich? - so war er auch ein Signal dafür, dass der Krieg in eine kritische Phase gekommen war, aus der man Kinder nicht mehr so einfach heraushalten konnte.

Bei Tante Grete in Widdersberg

Nun war guter Rat teuer. Auch wenn wir in Schonungen durch die Lage unseres Elternhauses einigermaßen sicher vor den immer häufigeren Fliegerangriffen auf Schweinfurt waren, so war doch der weite Schulweg der Kinder eine stete Gefahrenquelle. Und auch die häufigen nächtlichen Störungen durch Fliegeralarm und Abmarsch in den Keller ließen ein geregeltes Leben und Lernen kaum noch zu.

Ich sollte nach der vierten Klasse in die Oberschule nach Hassfurt wechseln, wohin auch meine große Schwester Bärbel ging. Dafür war eine Aufnahmeprüfung vorgesehen, auf die mich ordentlich vorzubereiten unter den unsicheren und unruhigen Verhältnissen kaum möglich war. Unsere Eltern entschieden deshalb, ihre grundschulpflichtigen Kinder, also Trudel, Dieter und mich, für einige Zeit zu Tante Grete nach Widdersberg zu schicken, damit wir dort unter den wesentlich ruhigeren Verhältnissen im benachbarten Frieding in die Schule gehen konnten. Widdersberg liegt in Oberbayern am Pilsensee, einem Nebensee des Ammersees, und blieb wegen seiner abgelegenen Lage vom Kriegsgeschehen weitgehend verschont. Eine glückliche Entscheidung. Drei friedliche Monate in kriegerischen Zeiten warteten nun auf uns.

Wegen der einwöchigen Aufnahmeprüfung für die Oberschule in Hassfurt wurden wir im Juli 1944 wieder nach Schonungen zurückgebracht. Aus heutiger Sicht klingt dieser Bericht wahrscheinlich harmlos und unspektakulär, wie die

---

[36] Rundschreiben des Landratsamtes Schweinfurt an die Bürgermeister vom 27. 8. 56; Schreiben der Gemeinde Schonungen vom 13. Sept. 1956. In: Archiv Schonungen

Erinnerung an abwechslungsreiche Erlebnisse einer privilegierten Kindheit. Aber harmlos war das alles keineswegs. Ich möchte hier nur andeuten, dass sowohl die Reise nach Widdersberg über München als auch die Rückreise von Widdersberg, nun über andere Umwege, für alle Beteiligten nicht nur beschwerlich, sondern lebensgefährlich gewesen war; denn Fliegerangriffe auf München, aber auch auf die Reisezüge gehörten längst zum Kriegsalltag, dem sich keiner entziehen konnte.

1944 –1945 – Oberschule Hassfurt

Der Direktor der Haßfurther Oberschule war ein kleinwüchsiger Mann, nicht größer als ich. Als ich ihm vorgestellt wurde, musste ich lachen. „Gell, Du lachst, weil ich so klein bin?", fragte er freundlich. Ich fühlte mich beschämt, auch, weil er so nett war. Die etwa einwöchige Aufnahmeprüfung bestand ich ohne Probleme.

Nach Hassfurt in die Oberschule ging ich gerne. Wir hatten freundliche Lehrer und das Schulklima war nach meiner Erinnerung ausgesprochen entspannt. Hier gab es keine Prügelstrafen und wir fühlten uns als Schüler ernst genommen und gut aufgehoben. Über die Geburt meines jüngsten Bruders Ulrich am 12. Oktober 1944 sollte oder durfte ich einen kleinen Vortrag halten. Ich war sehr stolz auf ihn und schilderte ausgiebig seine Vorzüge: 11 Pfund schwer, schwarze Haare usw. Ich unterstrich auch, dass meine Eltern unbedingt neun Kinder haben wollten und endete meinen Vortrag mit der Bemerkung: „Und genauso ist es gekommen." Das aufkommende Gelächter in der Klasse unterband der Lehrer mit einem Lob für meinen schönen Vortrag.

Meine Schwester Bärbel wohnte unter der Woche zur Untermiete bei einem alleinstehenden Fräulein, die in Hassfurt einen kleinen Laden betrieb. Ich selbst fuhr täglich mit dem Zug hin und her. Das war zunächst kein Problem, obwohl die Züge immer überfüllt waren und man froh sein musste, dass man überhaupt irgendwie hineinkam. Manchmal wurde man als Kind, auf einem Bein auf der untersten Treppe stehend, von Erwachsenen festgehalten, um nicht herunter zu fallen. Erst in den letzten Kriegsmonaten wurden diese Zugfahrten wirklich gefährlich; denn immer öfter bombardierten dann Tieffliegen unseren Zug. Wir Kinder versteckten uns in den Gepäcknetzen oder unter einer Bank, während die Erwachsenen meist panikartig den Zug verließen und sich ins Gebüsch am Bahndamm warfen. Gelegentlich konnte man sogar das Gesicht des Piloten sehen, so dicht flogen sie am

Zug entlang. Wahrscheinlich waren das Ziel dieser Tieffliegerangriffe weniger die Passagiere, als vielmehr der Zugführer. Denn es wurde selten jemand direkt verwundet. Aber sicher weiß ich das nicht.

Der Krieg geht zu Ende

In den letzten Wochen des Krieges fiel die Schule mehr oder weniger aus. Die letzten Kraftanstrengungen und Durchhalteparolen konnten selbst uns Kinder nicht mehr davon überzeugen, dass hier noch ein Endsieg zu holen sei. Der Volkssturm wurde ins Leben gerufen, nach meiner Erinnerung eine Versammlung alter und gebrechlicher Männer; sogar Kinder wurden zur Flak eingezogen, das letzte Aufgebot ans Messer geliefert. Vielleicht habe ich das damals nicht genau so gesehen. Aber die Unruhe in der Bevölkerung blieb auch uns Kindern nicht verborgen.

Unser Vater hatte im Herbst 1944 sein Ingenieurbüro nach Schonungen verlegt, in eine rasch aufgezogene Holzbaracke in unserem Garten, in der es immer nach Kopien stank. Den damals typischen Geruch von ich weiß nicht was für einem Gift werde ich nie vergessen. Dieser Umzug seines Büros war einem Fliegerangriff auf Schweinfurt geschuldet, bei dem sein Schweinfurter Büro in Schutt und Asche gefallen war. Ich erinnere mich, wie er damals nach Hause kam und offensichtlich erleichtert ausrief: „Endlich ist es weg."

In Schonungen wurde dieser Umzug kolportiert mit dem Gerücht, bei uns würde die V2 gebaut. (V 2 wie Vogel 2; statt: Vergeltungswaffe 2). Wer dieses Gerücht in die Welt gesetzt hatte, ahne ich nicht. Aber ich verstand, dass wir den Dorfbewohnern aus irgendeinem Grunde nicht ganz geheuer waren.[37] Aus einem Schreiben des Landrats von Schweinfurt an den Bürgermeister von Schonungen vom 12. September 1944 geht hervor, dass die Räume des Libor-Wagner-Hauses[38], also der „Anstalt", für unseren Vater, den *„Sonderbeauftragten Dr. Ing. Theodor Vogel beim Generalkommissar Schweinfurt",*[39] hätten freigemacht werden müssen. Und zwar

---

[37] Aus Aktennotizen der Gemeinde Schonungen geht hervor, dass das Büro unseres Vaters „kriegswichtig" war.
[38] Liborius Wagner war ein bedeutender Katholik gewesen. Die „Anstalt" war nach ihm benannt worden.
[39] Schreiben vom 12. September 1944, in: IIa/3

auf Anordnung des *"Reichsverteidigungskommissars und Regierungspräsidenten von Mainfranken in Würzburg"*. In einem „Sammelempfangsschein vom 19.9.1944 wird dann allerdings durch Unterschrift unserer Mutter bestätigt, dass sich unser Vater in „unserem Haus" eingerichtet habe[40]. *„Vogel hat die Räume im Lib. Wagner Haus nicht bezogen, sondern sich in seinem eigenen Hause eingerichtet"*[41]. Gemeint ist die Baracke im Garten. Wie klug von ihm. Nach dem Krieg, dessen baldiges unrühmliches Ende für unseren Vater sicher außer Zweifel stand, hätte ihm diese angebotene Verdrängung einer katholischen Einrichtung nur Scherereien eingebracht.

Liborius Wagner

Bei dieser Gelegenheit frage ich mich, wer eigentlich Liborius Wagner, dieser Namenspatron der „Anstalt" von Schonungen gewesen ist, und ich recherchiere im Internet. Ich bin platt: dieser Mann war ein echter Märtyrer der Auseinandersetzungen zwischen Protestanten und Katholiken zu Beginn des 17. Jhdts., also in der Zeit der Gegenreformation, zuletzt katholischer Priester in Schonungen. Aufgewachsen in einem streng protestantischen Elternhaus tritt er zum Katholizismus über, studiert Theologie in Würzburg, bemüht sich um interreligiöse Verständigung zwischen den beiden Lagern, wenn auch ohne großen Erfolg, und wird schließlich, weil unbelehrbar und unbekehrbar, von fanatischen Protestanten gefoltert und umgebracht[42]. Peng.

Zwischen Volkssturm und antifaschistischen Widerstand

Die Kampflinien rückten nun, im Frühjahr des Jahres 1945, immer näher, was man leicht den Radionachrichten entnehmen konnte. Meine Geschwister wurden zusammen mit einer Betreuerin von unseren Eltern nach Manau in die Hassberge verfrachtet, wohl in der Annahme, dass an diesem abgelegenen Ort das Kriegsende ereignislos vorbeiziehen würde. Ich selbst durfte mit meinem jüngeren Bruder

---

[40] dito, Archiv Schonungen
[41] Unterschrift durch Handzeichen Schl. Archiv Schonungen, IIa - Über die Rolle unseres Vaters im Dritten Reich wird es ein eigenes Kapitel geben, zu dem ich noch gründlicher recherchieren muss.
[42] Nach: Wikipedia, Artikel über Liborius Wagner

Dieter und dem kleinen Ulrich in Schonungen bleiben. Wir schliefen in den letzten Kriegstagen im Keller. Vom Kellerfenster aus konnten wir die Straße beobachten. Panzersperren wurden errichtet und von anderen Männern wieder eingerissen, darunter meinem Vater und dem Bürgermeister, der auch sonst nicht ganz so kriegsbegeistert gewesen sein mag. Kurz, wir ahnten, dass es über die jetzt sinnvollen Maßnahmen im Dorf massive Meinungsverschiedenheiten gab.

Diese Erinnerung fand ich bestätigt durch zwei Niederschriften vom 2. 4. und 4. 4. 1945, von denen ich Eine ihrer Bedeutung wegen in vollem Wortlaut abdrucke:

„In der Zeit vom 20. 3. bis 5. 4. 45 war der Hptm. Herbert J….. wohnhaft in Schonungen Hofheimerstr. 51 a, auf Genesungsurlaub in Schonungen. – Am 1. 4. 45 wurde er bestimmt, den Bau der im Orte anzulegenden Panzersperren (West- und Nordausgang) zu überwachen.-

Äußerungen des Führers des Volkssturmes zufolge, Oberlehrer H. sollte der Ort und die Panzersperren gegen amerikanische Truppen verteidigt werden.- Hptm. J. hatte von Anfang an die Absicht zu verhindern, dass irgend ein Widerstand geleistet würde.- Der Versuch den Volkssturmführer H. von der Sinnlosigkeit eines Widerstandes und der hierdurch eintretenden Gefahr für die gesamte Einwohnerschaft des Ortes zu überzeugen, blieb erfolglos. Hs. Äußerungen waren: „Wenn notwendig, muss der ganze Ort dran glauben---ich bestimme, die Wehrmacht hat hier nichts zu reden!"---

Während der Bau der Panzersperren begonnen wurde, ging Hptm. J. zu Herrn K. um mit ihm Folgendes zu besprechen: 1.) Ein sinnloser Widerstand muss unter allem Umständen verhindert werden. Es muss versucht werden, die Panzersperren aus dem Ort zu beseitigen. Der Volkssturmführer H. muss im geeigneten Augenblick an der Durchführung eines geplanten Widerstandes gehindert werden. Herr K. erklärte sich mit diesen Absichten voll einverstanden und sagte, er könne mit etwa 30 verlässlichen Männern jeden Widerstandsversuch im Dorf – wenn notwendig – vereiteln.

Weiteres wurde vereinbart in Schweinfurt beim ersten Führer des Volkssturmes die Beseitigung der Panzersperren im Ort zu erreichen. Hptm. J. wollte dieses selbst erledigen.

2.) Auf der Straße Schweinfurt – Mainberg – Schonungen waren Sprengladungen eingebaut worden, die, gezündet, Straße und Eisenbahn im Maintal unpassierbar machen sollten. – Herr K. hatte den Führer des Sprengtrupps – ein Feldwebel – kennengelernt. – Hptm. J. und Herr K. sprachen mit diesem Feldwebel, die Sprengungen keinesfalls durchzuführen. – Herr K. sollte zur Sicherheit die Arbeiten des Feldwebels überwachen um eventuell selbst eingreifen zu können. Eine nochmalige Besprechung am 4. 4. 45 wurde vereinbart. Unterschrift: Zeuge H. K. , Zeuge Herbert J. "[43]

Ein zweiter Bericht vom 4. 4. 45, ebenfalls unterschrieben von K. und J. als Zeugen, bestätigt im Wesentlichen diese Vereinbarung. In einer Nachschrift heißt es wörtlich: *„Vorstehende Angaben wird Herr E. in Schonungen, Füllgrube, als der Führer der antifaschistischen Widerstandsgruppe jederzeit beeiden können."*[44]

Es ist nicht möglich, die fatale Rolle des Oberlehrers und Volkssturmführers H. während des Dritten Reiches und bei Kriegsende zu übergehen[45]; es ist mir aber auch nicht möglich, weitere Belege für sein „Engagement" in dieser Phase der Schonunger Geschichte heranzuziehen, da die entsprechenden Akten, z. B. auch die Akten der NSDAP, Ortsgruppe Schonungen, verloren gegangen sind oder vernichtet wurden. Dass sein Gedankengut und seine Überzeugungen nicht gleichzeitig mit ihm verschwunden sind, belegt aber zum Beispiel die Tatsache, dass sein Sohn, ebenfalls von Beruf Lehrer, in den 60ger Jahren Gründungsmitglied der NPD in Unterfranken war. In jüngster Zeit (Oktober 2012) wurde er mit der „Ehrenmitgliedschaft des Schullandheimwerks Unterfranken (SWU)" ausgezeichnet. Unterfrankens Regierungspräsident Dr. Paul Beinhofer sprach dafür die Würdigung aus und verwies auf sein jahrzehntelanges Engagement für diese Idee. Aus dem Bericht der SWU[46] geht hervor, dass Hs. Engagement für diese Idee schon in den 50ger Jahre begann. Hat jemals jemand überprüft, welches Gedankengut in dieser Arbeit weitergegeben wurde und wird? Ein wenig Heimatforschung an dieser Stelle wäre wünschenswert.

Aber bleiben wir beim Kriegsende für Schonungen. Rückblickend würde ich dazu sagen, wir, also Schonungen und seine Bewohner, haben Glück gehabt, dass das Dorf angesichts der Entschlossenheit dieser „antifaschistischen Widerstandsgruppe", an der auch unser Vater beteiligt war, kampflos übergeben werden konnte. Dass ähnliche Bemühungen andernorts nicht so friedlich verlaufen sind, ist bekannt. So berichtete eine ehemalige Wehrmachtshelferin, in der Erinnerung daran noch immer schockiert: *„Und da hängt doch ein Offizier am Galgen mitten in der Stadt. Der wollte Aschaffenburg den Amerikanern übergeben. Für die*

---

[43] Archiv Schonungen, II (alt)/ G.1
[44] Niederschrift vom 4. 4. 45, a.a.O.
[45] Vgl. die obigen Berichte.
[46] Quelle: Mainpost, Ausgabe vom 22. 10. 2012, gefunden in: SWU-Online

Deutschen war er ein Verräter, weil er aufgeben wollte. Das war mein schrecklichstes Erlebnis, wie ich den da so hab hängen sehen."[47]

Kriegsende in Schonungen

Gewehr- und Flakgeschütze waren unablässig zu hören. Es ging zu Ende. Die Frage war nur, wie genau. Da wir jetzt wussten, dass nicht wir Deutschen, sondern die Amerikaner siegen würden, machten wir – also mein Bruder Dieter und ich – uns auf eine pompöse Siegesparade dieser Amerikaner gefasst, die wir auf keinen Fall verpassen wollten. Kurz, wir klebten geradezu an dem kleinen Kellerfenster und warteten voller Spannung auf deren Sieg.

„Mensch, die haben ja Schiss", rief auf einmal Dieter völlig überrascht, oder war es doch Bärbel? Und tatsächlich, Gewehr im Anschlag, Mann hinter Mann, drückten sich die Sieger am Straßenrand entlang. Da war nichts mit einer Siegesparade, mit Dschingtarassabumm, wie wir uns das vorgestellt hatten. Der Friede kam ängstlich, unsicher, keineswegs heldenhaft ins Dorf. Sollten das wirklich die Sieger sein?

Als unsere Mutter später sagte, wir könnten jetzt ruhig aus dem Keller herauskommen, der Krieg sei vorbei, blieben wir skeptisch. Noch tagelang verließen wir unser sicher geglaubtes Versteck im Keller nicht. Es passierte auch noch allerhand im Dorf. Ein umherirrender Landser wurde noch nachträglich erschossen, ob von den Siegern oder den Verlierern, war nicht klar. Der Gärtner verlor noch ein Bein. Kurz, der Friede war noch recht brüchig. Bei uns im Garten hatte sich ein amerikanischer Soldat postiert, der mit Gewehr im Anschlag die Nachbarschaft überwachte. Meine tollkühne Mutter nahm Ulrich, ihren großen Säugling, auf den Arm, und sprach mit dem Soldaten, der sie tatsächlich zum Milchholen in die Nachbarschaft begleitete. Also doch Frieden?!

Irgendwann kamen auch die anderen Geschwister wieder zurück. Wie sich herausstellte, waren die Amerikaner eher in Manau aufgetaucht als in Schonungen, wo sie wohl Mühe gehabt hatten, mit ihren Panzern durch den Wald den Berg herunter zu kommen. Die Panzersperren des Volkssturmes von Schonungen hätten sie also sicher nicht an ihrem Sieg gehindert.

---

[47] In: „Frauen für die Front", von Rosemarie Killius, Leipzig 2005, S.115

Der Nachkrieg begann.

Jetzt hatten wir erst einmal frei. Keine Schule, wo auch, durch wen auch? Alles war ja erst einmal kaputt. Chaos herrschte ringsum. Keiner wusste, wie es denn nun weitergehen sollte.

Wilde Gerüchte machten die Runde, jedenfalls unter uns Kindern. Man erzählte sich, der Führer ist gar nicht tot. Er ist in Brasilien und wird bald mit seinen Luftlandetruppen wiederkommen, um uns von den Besatzern befreien. Woher dieses Gerücht kam, weiß ich natürlich nicht. Aber es hielt sich lange Zeit hartnäckig. Der wahre Kern dahinter dürfte der Tatsache geschuldet sein, dass sich rechtzeitig vor Kriegsende viele hohe Nazis nach Lateinamerika abgesetzt hatten. Sie werden zu ihrer eigenen Ehrenrettung Gerüchte über entsprechende Pläne in die Welt gesetzt haben.

Dummerweise hatten unsere Eltern die Idee, einen ehemaligen Zeichenlehrer aus der Nachbarschaft zu engagieren, der uns Privatunterricht geben sollte. Der kam täglich. Vormittags mussten wir rechnen, lesen, schreiben und malen, nachmittags durften wir ihm bei der Gartenarbeit zusehen und helfen. Der Garten, eigentlich unser Abenteuerspielplatz, wurde nun immer mehr zum landwirtschaftlichen Betrieb. Kartoffeln, Gemüse aller Art, auch Erdbeeren wurden angebaut, dazu Hühner, Stallhasen, zeitweise sogar ein Schaf. Es ging ums halbwegs gnädige Überleben und wie man das schafft. Ich weiß es bis heute. Wenn alle Stricke reißen, stecke ich eben ein paar Kartoffeln in die Erde. Was soll schon passieren.

Kurz, die Versorgungslage nach dem Krieg war katastrophal. Wohl dem, der einen Garten hatte, so dass er sich bis zu einem gewissen Grade selbst versorgen konnte. Carepakete aus Amerika reicherten den Speisezettel an. Wohl denen, die Verwandte in den USA hatten wie zum Beispiel wir. Mit einem Leiterwägelchen liefen wir viele Kilometer weit zu Bauern auf den abgelegenen Dörfern, die uns Fallobst, Eier und Kartoffeln gaben und manchmal auch eine ordentliche Mahlzeit. Unvergessen ist mir ein Besuch bei einem Obstbauern in Fahr am Main. Wir holten dort Kirschen. Die Bäuerin buk uns Pfannkuchen. Aus einem Zuber holte sie für jeden Pfannkuchen einen großen Schöpflöffel mit Fett, das sie nachher einfach in den Abfall warf.

Entnazifizierung

Auch andere Probleme zeichneten sich ab. Auch unter den Besiegten Deutschen gab es Sieger und Verlierer. Die Verlierer, ehemalige Nazigrößen, tauchten erst einmal unter, soweit sie sich nicht ohnehin ins Ausland abgesetzt hatten.

Wer nicht bei der Partei gewesen war, hatte es nun erst einmal besser. Er durfte mitreden und mitbestimmen, wie es nun weitergehen sollte. Schließlich brauchten die Sieger Helfer, die sich auskannten. Als Kind blickt man da nicht durch. Aber irgendwie zeichneten sich doch die neuen Strukturen ab. Schonungen hatte auf einmal einen anderen Bürgermeister, von dem es hieß, er sei Kommunist. Wer hat ihn gewählt? Wurde er überhaupt gewählt? Oder haben ihn die Amerikaner einfach so zum Bürgermeister ernannt? Und woher kam dieser Mann? War er im KZ gewesen, und jetzt wieder heimgekehrt? Wie war seine Akzeptanz im Dorf, das doch zweifellos vorwiegend aus NS-Anhängern bestanden hatte?

Kurzum, die Entnazifizierung sandte ihre Schatten voraus. Wann genau das anfing mit den sogenannten Spruchkammern, weiß ich nicht. Irgendwann Anfang 1946 vermutlich. Die „Spruchkammern"[48] waren eine Art Laiengericht, besetzt zur Hälfte mit gering- oder unbelasteten Juristen und zur anderen Hälfte mit unbelasteten Zivilisten. Sie hatten in den Entnazifizierungsverfahren über ehemalige Nazigrößen und Mitläufer Urteile zu fällen. Jeder erwachsene Deutsche musste einen Fragebogen ausfüllen zu seiner Rolle im Dritten Reich. Vage erinnere ich mich, dass das ein Hauen und Stechen gewesen sein muss. Da wurden wahrscheinlich manche alten Rechnungen beglichen. Jedenfalls erinnere ich mich gut an die Spannungen zwischen den verschiedenen Familien, die sich bis in die Schulklassen auswirkten. Viele brauchten einen „Persilschein", jemanden also, der ihnen schriftlich bescheinigte, dass sie in Wirklichkeit gar keine überzeugten Nazis gewesen waren, sondern unter diesem Deckmantel nur Gutes getan hatten – für Juden und andere Verfolgte. Unser Vater, der keiner nationalsozialistischen Organisation angehört hatte, war da erst einmal gut dran, auch wenn es keine Stollen mehr zu bauen gab. Dafür aber mussten Straßen und Brücken wieder repariert werden u. a. m. Er musste bald auch für seinen eigenen Vater in die Bresche springen und die Leitung des Fensterwerks Vogel übernehmen, weil dieser

---

[48] Wikipedia ?

Vater Parteigenosse gewesen war, eine Entscheidung, die unserem Vater schwer gefallen ist. Auch das ein konfliktträchtiger Vorgang.

Auch viele andere Platzwechsel fanden statt. Als ein Jahr nach Kriegsende die Schulen wieder aufmachten, war der Entnazifizierungsprozess in vollem Gange. Viele Lehrer, die bei der Partei gewesen waren, vielleicht nicht immer aus voller Überzeugung, durften nicht mehr oder noch nicht wieder unterrichten. Andere, manchmal mit unklarer Herkunft, sprangen für sie ein. Lehrer und Schüler waren verunsichert, was denn nun gelehrt oder gelernt werden darf. Als Beispiel für die allgemeine Verunsicherung auch bei den Lehrern möchte ich nur einen Satz zitieren, den wir in unser Geschichtsheft schreiben mussten. Es ging um die alten Germanen, die Helden unserer Kindheit. Nun wurde uns diktiert: *„Sie tranken Met und Bier, pflegten der Jagd und ergaben sich träger Muße."* Nach dieser Information waren die Germanen schlicht faule, versoffene Säcke gewesen. Da wusste auch das dümmste Kind, dass jetzt eine neue Zeit mit neuen Wahrheiten begonnen hat. Ich würde sagen: das war die Geburt der „skeptischen Generation" in mir[49].

Kriegsheimkehrer, Flüchtlinge und Vertriebene, displaced persons

Mit dem Ende des Krieges setzte die wohl größte Völkerwanderung in Europa ein. Viele Millionen Menschen waren unterwegs. Da waren die sogenannten „displaced persons", Menschen, die aus den Konzentrationslagern befreit worden waren, Juden, die das Grauen überlebt hatten, die ehemaligen „Zwangsarbeiter", die, wenn möglich, repatriiert werden mussten und ehemalige Kriegsteilnehmer unterschiedlichster Couleur.

Dann war da die Sorge um die deutschen Soldaten und ihr weiteres Schicksal in Kriegsgefangenschaft oder auf der Flucht. Dem einen oder anderen war es gelungen, die Uniform auszuziehen und sich auf zumeist abenteuerlichen Wegen nach Hause durchzuschlagen. Unser ältester Bruder Wolf war, gerade einmal 18 Jahre alt, noch gegen Ende des Krieges zur Marine eingezogen worden. Was war aus ihm geworden? Die Sorge unserer Mutter um ihn wurde verhältnismäßig früh beendet. Schon bald nach Kriegsende stand er plötzlich in der Tür, ein junger Frühheimkehrer, von den Briten wohl wegen seiner Jugend bald aus britischer Kriegsgefangenschaft entlassen. Ich erinnere mich noch gut an die stürmische

---

[49] Schelsky, Die skeptische Generation

Begrüßung! Erst nach einer Weile rückte er damit heraus, dass er noch zwei Kameraden mitgebracht hatte, die erst einmal bei uns wohnen sollten und unten auf der Straße warteten. Beide hießen mit Namen Günther. Wir nannten sie kurzerhand zur Unterscheidung den langen und den kleinen Günther. Sie stammten aus der Ostzone, aus Dresden, und lebten wohl wegen der unsicheren Verhältnisse unter der russischen Besatzung dort bis auf weiteres bei uns. Irgendwann verschwanden sie wieder, gingen wahrscheinlich ihrerseits wieder nach Hause.

Sowieso war es ein Kommen und Gehen in dieser turbulenten Zeit. Da war zum Beispiel ein deutsch-brasilianisches Ehepaar, das vorübergehend bei uns wohnte. Da waren auch Andere, die mir eher schemenhaft in Erinnerung geblieben sind.

Um das Bild über die Nachkriegszeit in Schonungen abzurunden, muss hier ein Blick auf die etwa 1946 einsetzende Fluchtwelle aus den deutschen Ostgebieten geworfen werden. Die Flüchtlinge und Vertriebenen, ihre Unterbringung unter ohnehin beengten Wohnverhältnissen der Bevölkerung, ihre Versorgung mit Nahrung, ihre Eingliederung in die Gesellschaft, massive soziale und religiöse Konflikte, die daraus folgten, bestimmten jahrelang das Geschehen im Dorf.

Im Sommer 1946 kamen Verwandte aus Pommern zu uns, Tante Lilo mit dem sechsjährigen Eberhard und dem dreizehnjährigen Dieter. Ich sehe sie noch vor mir, wie sie in der Veranda an dem großen quadratischen Familientisch saßen, unseren neugierigen Blicken ausgesetzt, und nichts redeten. Tante Lilo vor allem war sehr unzugänglich und verschlossen. Aus heutiger Sicht würde ich sagen, sie war offensichtlich schwer traumatisiert, hatte bei Kriegsende und auf der Flucht vermutlich Schlimmes erlebt. Wir Kinder wurden nicht warm mit ihr. Sie kochte für uns. Nun gab es häufig süße Milchsuppen zu essen, die wir hassten. Jedenfalls wohnten die drei fortan bei uns, in der ehemaligen Wohnung des Großvaters. Dieter und Eberhard gehörten bald einfach dazu. Ich erinnere mich nicht an irgendwelche Probleme mit diesen neuen Geschwistern.

Der große Dieter, wie wir ihn zur Unterscheidung von unserem „Brüderle" nannten, bekam einige Jahre später Kinderlähmung, eine schreckliche, heute praktisch besiegte Krankheit, die in der Nachkriegszeit aber kursierte. Als er aus dem Krankenhaus entlassen wurde, war er fast vollständig gelähmt. Die Prognose für seine Wiederherstellung war nach damaligen Maßstäben äußerst schlecht. Es gab da ja auch noch keine Reha Maßnahmen für solche Fälle. Aber Dieter war zäh.

Ich sehe ihn noch vor mir, wie er aufs Fahrrad stieg, sofort wieder herunterfiel, wieder aufs Rad stieg, es noch einmal versuchte, wieder herunterfiel usw. Es dauerte lange; aber er schaffte es, wurde wieder fast vollständig gesund und konnte ein völlig normales Leben führen. Für mich bis heute ein großartiges Beispiel dafür, dass Hartnäckigkeit im Wollen zum Ziel führen kann, dass man niemals aufgeben darf. Die drei Raaschens blieben bis 1951 bei uns. Dann zogen sie um, zunächst innerhalb von Schonungen, zwei Jahre später nach Schweinfurt. Tante Lilo hatte über den sog. Lastenausgleich Geld bekommen, so dass sie in Schweinfurt bauen konnte.

Minna

Die plötzliche Abreise von Maria Olinez kurz vor Kriegsende veränderte alles bei uns zuhause. Nun hatten wir plötzlich keine Hilfe mehr im Haushalt, waren zur Bewältigung der immer schwieriger werdenden Situation auf uns selbst gestellt. Allein die Frage, wer nach dem Essen die gewaltigen Mengen an Geschirr abspült, wer abtrocknet, war ein stetiger nervenaufreibender Kampf unter uns Geschwistern. Freiwillig tat das keiner, allenfalls Trudel opferte sich gelegentlich, indem sie die endlosen Diskussionen zwischen uns Geschwistern entnervt mit den Worten beendete: „Dann spül eben ich!" Auch Kartoffel schälen und Gemüse putzen war keineswegs beliebt. Jahrelang ging das so, mehr schlecht als recht. Mag sein, dass mit der Ankunft von Tante Lilo im Sommer 1946 eine zeitweilige Entlastung dieser Situation eingetreten war. Aber Tante Lilo hatte ihre eigenen Probleme und Pläne und zog ja eines Tages mit ihren Söhnen auch wieder bei uns aus.

Es war unsere praktisch veranlagte Schwester Ursel, der wir die Lösung dieses gewaltigen Problems im Haushalt zu verdanken haben. Sie hat kurzerhand im Alleingang, wie ich es erinnere, die Minna angesprochen, die damals offenbar ohne eine feste Anstellung war und hat sie gebeten, doch bei uns in unserer großen Familie zu arbeiten. In Minnas Familie muss es schwere Bedenken gegen diese Stelle bei Vogels gegeben haben, zumal die häufigen Wechsel bei unseren Betreuungspersonen Gesprächstoff im Dorf gewesen waren. Aber Minna sagte zu, Minna, diese treue Seele, die dann jahrzehntelang bei uns geblieben ist [50], Hauswirtschaftsleiterin, Vertraute und Ersatzmutter für die meisten von uns. Was

---

[50] 1950 bis 1975 war sie bei uns.

für ein Glück! Auf dem Bild unten ist sie in ihrer selbstverständlichen Zugehörigkeit zur Familie, hier bei einer Hochzeitsvorbereitung, zu sehen. Die Braut im Schleier ist Gitti, die Frau meines Bruders Dieter, die beiden Kinder, die- man erkennt es an ihrem festlichen Outfit - der Braut auf dem Weg in die Kirche Blumen streuen dürfen, sind Reingard und Jörg-Dietrich, die beiden Ältesten meiner Schwester Ursel.

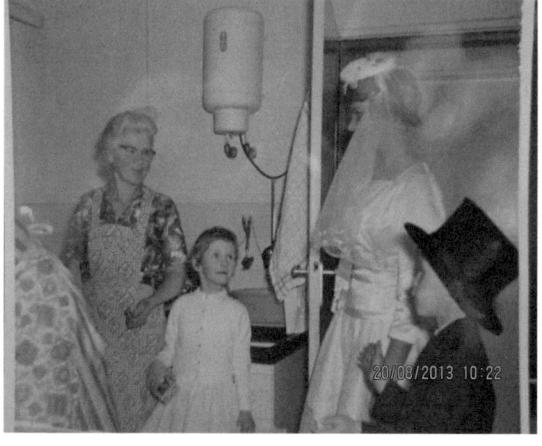

Wann genau Minna zu uns stieß, kann ich nicht mehr sagen. Die eigentliche Nachkriegszeit war da vermutlich schon vorbei. Aber sie ist so eng mit der Erinnerung an meine Kindheit in Schonungen verbunden, dass es mir angemessen erscheint, ihr in dieser Rückschau einen Ehrenplatz einzuräumen.

Alltagsprobleme in der Nachkriegszeit.

Die unmittelbare Nachkriegszeit war eine Not-Zeit. Lebensmittel waren knapp. Besonders in den Städten brach die Versorgung der Bevölkerung teilweise zusammen. Die Verkehrsverbindungen lagen brach. Dazu kam der Zerfall fast aller bürokratischen Strukturen. Nur sehr langsam trat wieder so etwas wie Normalität ins Leben ein.

Ein eigenes Thema wäre die Zustandsbeschreibung der Verhältnisse auf den Straßen. Es gab ja kaum Zugverkehr; wir mussten also den Weg zur Schule nach Schweinfurt meistens zu Fuß zurücklegen, was keineswegs ungefährlich war. Die Straßen waren voll, nicht von Autos sondern von Fußgängern. Viele von ihnen waren mit voll beladenen Leiterwägelchen unterwegs oder trugen Lasten auf dem Rücken. Es waren Hamsterer, Flüchtlinge, displaced persons, nur manchmal auch Nachbarn von nebenan. Selten sah man Radfahrer. Nur wenige Autos, meistens Lastwagen, waren unterwegs. Auf einem dieser Lastwagen für die Heimfahrt einen Platz zu ergattern, war der Traum jedes Schulkindes. Eine andere, durchaus gefährlichere Mitfahrgelegenheit war der Rücksitz auf einem Motorrad. Wohl dem

Kind, das diesen netten Onkel wirklich kannte. Ohne hier ins Detail gehen zu wollen, will ich gestehen, dass ich es persönlich für sicherer hielt, den langen Heimweg statt auf der belebten Straße von Schweinfurt nach Schonungen lieber im Wald oberhalb der Weinberge anzutreten. Kurz, das Leben wurde nach dem Krieg für uns Kinder manchmal anstrengender und abenteuerlicher, als es vorher gewesen war.

Aber das wird eine andere Geschichte.

Und damit sage ich Tschüß

Nachwort

Die Aufarbeitung von erlebter Zeitgeschichte durch Zeitzeugen, wie ich es hier versucht habe, ist ein heikles Unterfangen. Da ist einerseits die Erinnerung eines Kindes, da sind die Gefühle, die sich für immer mit diesen Erinnerungen verbunden haben. Und da ist andererseits die sogenannte historische Wahrheit. Der Versuch, Ereignissen gerecht zu werden, die durch eine unauslöschliche Schande, wie es der Holocaust darstellt, tabuisiert sind, ist selbst für einen so alten Menschen wie mich ein kaum zu bewältigendes Wagnis. Was können die nachfolgenden Generationen für die „Sünden der Väter"? Und doch bleibt es nicht aus, dass ihre Gegenwart gemessen werden muss an der Art und Weise, wie sie mit diesen Sünden ihrer Väter umgehen. Gehen sie in ihren Fußstapfen weiter oder haben sie den Mut und das Selbstvertrauen, sich davon zu befreien? Fühlen sie sich als Nachkommen dem „Erbe" ihrer Väter, also auch dem Schanderbe, verpflichtet oder stellen sie sich deren Schuld? Viele autobiographische Veröffentlichungen der letzten Jahre belegen, wie schwer das immer noch ist, aber auch, wie sehr die Zeit drängt, endlich mit dieser Hinterlassenschaft aufzuräumen.

Eine Dorfgemeinschaft ist ein schwieriges Pflaster für die Bewältigung geschichtlicher Schuld. Die Städte haben es da leichter, da sie wegen ihrer schieren Größe besser die Anonymität einzelner Betroffener wahren können. Ich habe mich bemüht, sorgsam mit Namen von Beteiligten und von Verantwortungsträgern aus damaliger Zeit umzugehen. Die Fakten sind jedoch manchmal stärker.

Machen wir uns nichts vor. Die politischen Ereignisse und Konflikte in und um Schonungen in der Zeit meiner Kindheit sind nichts Singuläres gewesen. Sie sind nur ein Beispiel dafür, wie das funktioniert hat, überall in Deutschland, im Großen wie im Kleinen. Sie sind nur ein Lehrstück, nichts weiter.

Johanna Vogel

Lebensdaten der Vogel-Familie

Dr. Theodor Vogel, 31. Juli 1901 bis 9. Februar 1977
Else Vogel, 16. Januar 1902 bis 14. Juli 1993
Wolfgang Vogel, geb. 19. April 1926
Barbara Vogel (Fuchs), geb. 4. Januar 1930
Ursula Vogel (Raasch), geb. 22. Februar 1931
Johanna Vogel, geb. 28. September 1933
Gertrud Vogel (Hoede), geb. 1. Januar 1936 bis 22. Juli 2009
Dieter Vogel, geb. 20. Oktober 1937
Christine Vogel (Schütze), geb. 25. Februar 1939
Brigitte Vogel (Enßlen), geb. 27. Dezember 1940
Ulrich Vogel, geb. 12. Oktober 1944

Wichtige Ereignisse

1935	Einzug der Familie ins eigene Haus in Schonungen
1938	Reichskristallnacht bzw „Synagogensturm", 10. November 1938
1939	Kriegsbeginn, 1. September 1939
1943	Heldengedenkfeier, März oder April 1943
1944	Angriff auf Schonungen, 31. März 1944
1944	April bis Juni in Widdersberg und Schulbesuch in Frieding/Obb.
1944	September 1944, Umzug von Vaters Büro zu uns nach Schonungen
1944/45,	Schulbesuch in Hassfurt, 1. Klasse Oberschule
1945	Einmarsch der Amerikaner in Schonungen, 5. April (?)
1945	Maria Olinez wird geholt, ca. 20. April
	offizielles Kriegsende 9. Mai 1945
1946	Frühjahr, Beginn der Entnazifizierung
1946	Flüchtlingsströme aus den deutschen Ostgebieten
1946	Juli, Ankunft von Tante Lilo aus Pommern mit zwei Kindern
1946	September, Schulbeginn in Schweinfurt, 2. Klasse Oberschule
1951	Tante Lilo mit den zwei Buben zieht weg

Herkunft der Fotos:

Panorama von Schonungen (von Hans Raasch)

Das Dorfzentrum heute (eigenes Foto)

Maria Olinez im Alter (von deren Tochter)

Minna (aus meinem Fundus)

Die ehemalige Synagoge vor 1938 und heute (von Herrn Hahn)

Gedenktafeln für die jüdischen Mitbürger von Schonungen (eigenes Foto)

Die Schultreppe (eigenes Foto)

Kath. Kirche neu, ehemals Heldengedenkstätte (eigenes Foto)

Unser Elternhaus damals (von Hans Raasch)

Der alte Bahnhof (eigenes Foto)

Die alte Apotheke (eigenes Foto)

Die Brücke über den Dorfbach (eigenes Foto)

Foto vom Liborius Wagner-Haus (vom Katholischen Pfarrer)

Kath. Kirche neu, ehemals Heldengedenkstätte (eigenes Foto)

Familienbild(er) mit Mutterkreuz (von Hans Raasch)

Mit Brille in Widdersberg (von Ruth Wegner)

Portraitfoto von Hannele (eigener Fundus)

BDM-Mädchen-Umzug 1933 (von einer Schonungerin)

Erntedankwagen mit Hakenkreuz (von einer Schonungerin)

Karte von Schweinfurt und Umgebung (mit Schonungen, Mainberg und Marktsteinach)

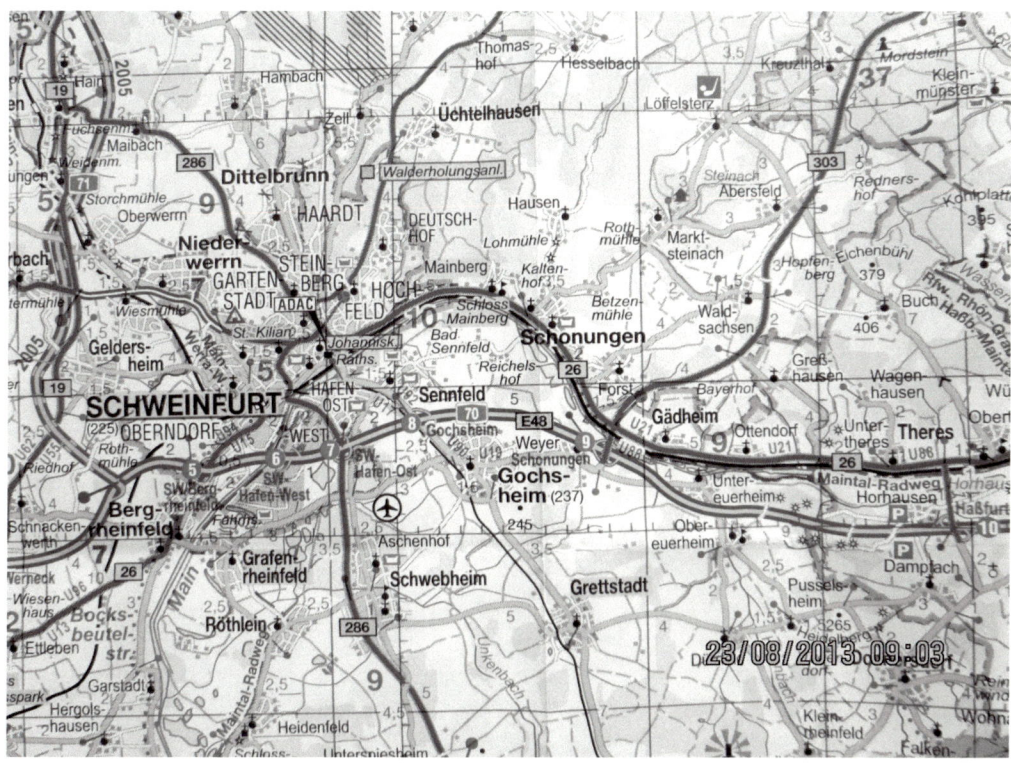

Verwendete Quellen:

Gemeindearchiv von Schonungen in Marktsteinach

Artikel „Schonungen (Kreis Schweinfurt) (erstellt unter Mitarbeit von Elisabeth Böhrer)" In: www.alemannia-judaica.de/schonungen_synagoge.htm

Der Kartenausschnitt der Vorderseite stammt von einer Straßenkarte des ADAC